005pa Abb.: sk

Reise Know-How im Internet

Aktuelle Reisetipps und Neuigkeiten
Ergänzungen nach Redaktionsschluss
Büchershop und Sonderangebote

www.reise-know-how.de
info@reise-know-how.de

Wir freuen uns über Anregung und Kritik.

Sonja Nertinger, Klaus Schier

Mit dem Auto durch Nordamerika – Panamericana

„One of the gladdest moments of human life, methinks, is the departure upon a distant journey into unknown lands."

(Einer der schönsten Momente im menschlichen Leben, dünkt es mich, ist der Aufbruch zu einer fernen Reise in unbekannte Länder.)

Sir Richard Francis Burton (1821–1890)

Impressum

Sonja Nertinger, Klaus Schier
Mit dem Auto durch Nordamerika – Panamericana
erschienen im
REISE KNOW-HOW Verlag Peter Rump GmbH, Bielefeld
Osnabrücker Straße 79, 33649 Bielefeld

Herausgeber: Klaus Werner

1. Auflage 2009

Gestaltung
Umschlag: G. Pawlak, P. Rump (Layout), K. Werner (Realisierung)
Inhalt: G. Pawlak (Layout), Y. Yasar (Realisierung)
Fotos: Klaus Schier (sk, Autor)

Druck und Bindung
Himmer AG, Augsburg

ISBN 978-3-8317-1806-1
Printed in Germany

Dieses Buch ist erhältlich in jeder Buchhandlung Deutschlands, Österreichs, der Schweiz, Belgiens und der Niederlande. Bitte informieren Sie Ihren Buchhändler über folgende Bezugsadressen:

Deutschland
Prolit GmbH, Postfach 9, D-35461 Fernwald (Annerod) sowie alle Barsortimente
Schweiz
AVA-buch 2000, Postfach 27, CH-8910 Affoltern
Österreich
Mohr Morawa Buchvertrieb GmbH
Sulzengasse 2, A-1230 Wien
Niederlande, Belgien
Willems Adventure
www.willemsadvenutre.nl

Wer im Buchhandel trotzdem kein Glück hat, bekommt unsere Bücher auch in unserem **Büchershop im Internet: www.reise-know-how.de**

Wir freuen uns über Kritik, Kommentare und Verbesserungsvorschläge.

Alle Informationen in diesem Buch sind von den Autoren mit größter Sorgfalt gesammelt und vom Lektorat des Verlages gewissenhaft bearbeitet und überprüft worden.

Da inhaltliche und sachliche Fehler nicht ausgeschlossen werden können, erklärt der Verlag, dass alle Angaben im Sinne der Produkthaftung ohne Garantie erfolgen und dass Verlag wie Autoren keinerlei Verantwortung und Haftung für inhaltliche und sachliche Fehler übernehmen.

Die Nennung von Firmen und ihren Produkten und ihre Reihenfolge sind als Beispiel ohne Wertung gegenüber anderen anzusehen. Qualitäts- und Quantitätsangaben sind rein subjektive Einschätzungen der Autoren und dienen keinesfalls der Bewertung von Firmen oder Produkten.

Sonja Nertinger, Klaus Schier

Mit dem Auto durch Nordamerika – Panamericana

Inhalt

Vorwort

Obwohl geografisch gesehen auch Mexiko und ganz Mittelamerika dazugehören, wird der Begriff „Nordamerika" oft mit den beiden Ländern USA und Kanada gleichgesetzt. Dies hat kulturelle und sprachliche Gründe. Wir haben in unseren Reiseführern diese Unterteilung ebenfalls so aufgegriffen. Zum spanischsprachigen Teil Nordamerikas gibt es bereits das Buch „Panamericana – mit dem Auto von Mittel- nach Südamerika". Im vorliegenden Reiseführer wird nun der englischsprachige Teil, also die USA und Kanada, behandelt. Dabei werden wir Alaska – im Gegensatz zu anderen US-amerikanischen Bundesstaaten – eigenständig herausstellen. Das liegt an seiner besonderen Lage, denn der 49. Bundesstaat ist vom Rest der USA durch Kanada abgetrennt und wirkt dadurch wie ein eigenes Land. Auch bezeichnen sich die Einwohner Alaskas selbst gerne als *pretty independent* (sehr unabhängig) und sprechen von den *lower 48* (unteren 48), wenn sie die restlichen Staaten der USA meinen – Hawaii fällt dabei nach ihrer Rechnung einfach unter den Tisch.

Dass man bei einer Fahrt in Nordamerika auf die Begriffe Panamericana bzw. Panamerican Highway stößt, wird wohl eher selten der Fall sein. Die wenigen Straßen in den USA, bei denen eine Verbindung zur Panamericana besteht, sind für Touristen kaum von Bedeutung, denn an ihnen liegen keine Sehenswürdigkeiten. Es handelt sich um den Interstate Highway I–35 von Laredo/Texas nach San Antonio/Texas und den Interstate Highway I–25 von Las Cruces/Texas nach Wyoming.

Höchstens in Grenznähe zu Mexiko kann man diese Straßenbezeichnung noch finden. Ansonsten ist Panamericana eher ein Ausdruck, den wir Europäer kennen und verwenden. Wer also eine

Reise plant und auf der Panamericana von Nord bis Süd, von Alaska bis Feuerland oder umgekehrt fahren will, sollte nicht zu enttäuscht sein, wenn US-Amerikaner oder Kanadier den Panamerican Highway nicht kennen. Für die Einheimischen, gerade im Norden Kanadas und in Alaska, haben die dortigen Straßen mehr Gewicht. Und dabei ist es vor allem der Alaska Highway, den aufgrund seiner Geschichte und Entstehung im Zweiten Weltkrieg jedermann kennt. Er wird für touristische Zwecke der Verbindung Alaska – Feuerland ebenso zugeordnet wie der Highway 1 entlang der Pazifikküste in Kalifornien. Mit gutem Grund, denn tatsächlich finden sich entlang der Straßen im Westen Kanadas und Südwesten der USA mit die wichtigsten Sehenswürdigkeiten Nordamerikas. Welche Schwerpunkte Sie dabei setzen, hängt von eigenen Interessen ab und die kurz gehaltenen Hinweise auf touristische Höhepunkte machen es erforderlich, dass Sie sich zusätzlich noch mit anderen Reiseführern beschäftigen.

Hinweis zur Benutzung
Die im Buch aufgeführten GPS-Koordinaten basieren auf WGS-84.

Das vorliegende Buch soll vor allem Reisenden mit eigenen Fahrzeugen dabei helfen, auftauchende Fragen bei der Vorbereitung und Durchführung der Tour zu beantworten. Auch will es Hinweise dazu geben, wie man die Infrastruktur in zwei Ländern nutzt, in denen Camping sehr beliebt ist und das Leben im Wohnmobil – spätestens mit dem Erreichen des Rentenalters – einen erstrebenswerten Lebensstil darstellt.

Freuen Sie sich auf Ihre eigenen Entdeckungen zwischen dem Eismeer in Alaska und den Wüstengebieten in Arizona.

Sonja Nertinger und Klaus Schier

001pa Abb.: sk

Fahrzeug-Vorbereitung

Auswahl des Fahrzeugs

Die Auswahl des Fahrzeugs für eine Nordamerikareise dürfte kaum Probleme bereiten.

Man wird die meiste Zeit nur auf **Asphaltstraßen** fahren, schwierige Straßenverhältnisse und schlechte Pisten sind Ausnahmen. Außerdem werden stark frequentierte **Schotterpisten** einigermaßen regelmäßig gewartet, sodass sie auch für Pkws und nicht geländegängige Wohnmobile nutzbar sind. Wer sich dennoch nicht auf das Risiko einer Pistenfahrt einlassen will, muss sich bereits im Voraus darüber klar sein, dass er auf ein paar der im Routenteil aufgeführten Strecken in Alaska, im Norden Kanadas oder im Südwesten der USA verzichten muss.

Ersatzteile

Je nach Alter und Zustand des Fahrzeugs, Länge der Reise und Fahrzeugmodell ist es sinnvoll, lieber ein paar Teile mehr mitzunehmen, als sie sich im Bedarfsfall nachschicken zu lassen. Besprechen Sie mit Ihrer Werkstatt, welche Ersatz- bzw. Verschleißteile mitgenommen werden sollen. Außerdem sollte man einen **gut sortierten Werkzeugkasten** dabeihaben, denn nicht alle Firmen verfügen über metrisches Werkzeug. Selbst in Kanada findet man oft nur Zollwerkzeug, weil sich der Fahrzeugmarkt am US-amerikanischen Nachbarn orientiert.

Machen Sie eine **Kopie vom Datenblatt Ihres Autos** und lassen Sie diese daheim bei einem kompetenten Ansprechpartner. Im Bedarfsfall erleichtert und beschleunigt es die Bestellung der notwendigen Teile.

Ob man sich die **Ersatzteile mit der Post** oder einem weltweit operierenden **Kurierdienst** zuschicken lässt, ist eine Zeit- und Kostenfrage. Am besten informieren Sie sich bereits daheim bei einer Postfiliale bzw. einem Kurierdienst über Abwicklung und Handhabung beim Paketversand ins Ausland. Und im Notfall wiederum klären Sie vor Ort ab, wie sich der Erhalt eines Paketes gestaltet, ob Gebühren dafür anfallen und wie die genaue Empfängeradresse lauten muss, damit es Sie auch erreicht.

Fahrzeugpapiere

Neben dem **nationalen Fahrzeugschein** sollte man auch die **internationale Zulassung** für sein Fahrzeug mitnehmen. Sie wird von der Zulassungsstelle normalerweise sofort ausgestellt und ist ein Jahr lang gültig.

Zu Dokumenten bei der Einreise siehe „Grenzformalitäten" S. 44.

Haftpflichtversicherung

Sowohl in Kananda als auch in den USA besteht **Versicherungspflicht.** Nur eine US-amerikanische Gesellschaft – American International Underwriters – bietet eine Versicherung für ausländische Fahrzeuge an, die für eine begrenzte Zeit nach Kanada oder in die USA gebracht werden. Da es fast unmöglich ist, vor Ort ein Büro zu finden, das einem

Versicherungsbüros in Deutschland

- *KHNowag Versicherungen, Platanenring 15 b, 63110 Rodgau, Tel. 06016 16960, Nowag@t-online.de*
- *TourInsure GmbH, Herrengraben 5, 20459 Hamburg, Tel. 040 25172150, www.tourinsure.de*

die notwendige Versicherung besorgt, ist es besser, wenn man das bereits zu Hause erledigt. Außerdem tut man sich im Schadensfall leichter, wenn der Versicherungsagent in Deutschland ist.

Auch wer von Mexiko aus in die USA einreisen will, kann das Ganze über einen deutschen Versicherungsagenten abwickeln. Man sollte das dann von unterwegs aus bereits frühzeitig per E-Mail organisieren.

Stromversorgung

In beiden Ländern beträgt die **Netzspannung 110/120 Volt.** Wer also auf einem Campingplatz den Stromanschluss nutzen will, braucht einen entsprechenden **Transformator,** wenn die Stromversorgung seines Fahrzeugs auf 220 Volt ausgelegt ist. Ein Blick auf die Inputangaben von Adaptern bei elektronischen Geräten oder Ladegeräten zeigt, ob sie direkt über das vorhandene Stromnetz betrieben werden können. Für die Stecker selbst braucht man wiederum unterschiedliche **Adapter,** weil es verschiedene US-Stecker-Varianten gibt.

Da man nicht täglich auf einem Campingplatz mit Stromanschluss übernachten wird, sollte man sein Fahrzeug soweit autark machen, dass man wenigstens ein paar Tage frei stehen kann. Für welche der angebotenen Möglichkeiten (z. B. Windkraft, Solarenergie, Generator) man sich dabei entscheidet, ist sowohl eine Platzfrage als auch Einstellungssache. Wir haben uns für **Solarenergie** entschieden und drei Paneele (jeweils 55 Watt) auf dem Unimogdach installiert. Die produzierte Energie wird in 2 Batterien zu je 12 V/140 Ah gespeichert. Ferner können wir diese Batterien bei Bedarf während der Fahrt mit einer zweiten Lichtmaschine laden. Die Anzahl der Solarpaneele und die Batteriegröße

011pa Abb.: sk

Unabhängig vom Stromnetz mit eigenem Generator

richten sich nach dem eigenen Strombedarf. Die Erfahrung hat dabei gezeigt, dass man selbst in den langen und hellen Sommermonaten schnell an seine Grenzen stoßen kann. In Kanada zum Beispiel liegen viele Campingplätze im Wald und man bekommt nur wenig Sonne ab. Außerdem muss man auch mal auf länger anhaltendes schlechtes Wetter vorbereitet sein. Die zusätzliche **Anschaffung eines Generators** hat sich deshalb für uns gelohnt.

Tanken

An die Tatsache, dass ein so alltäglicher Vorgang wie Tanken in Nordamerika durchaus seine Tücken haben kann, muss man sich gewöhnen. Einfach nur den Schlauch von der richtigen Zapfsäule nehmen, Tank auffüllen, zahlen und weiterfahren wäre hier zu einfach. Beim Tanken sind einige Hürden zu nehmen, an die man als Europäer nicht gewöhnt ist.

Richtige Zapfsäule

In Europa wird beim Benzin bei den **Oktanzahlen** die Angabe der ROZ (Research Oktan Zahl) verwendet. In Amerika ist es meistens ein Mittelwert

Europa (ROZ)	MOZ	Nordamerika (Mittelwert)
91	*82,5*	*87*
95	*85*	*90*
98	*88*	*93*

aus ROZ und MOZ. Da die MOZ (Motor Oktan Zahl) niedriger als die ROZ ist, ist auch der Mittelwert, also die amerikanische Oktanzahl, niedriger als die europäische Oktanzahl. Trotz oben genanntem Rechenbeispiel können die Angaben je nach Staat und Tankstelle immer noch abweichen.

Zapfpistole einstecken und loslegen

Erst dann, wenn man – neumodisch – die Taste für den passenden Sprit gedrückt hat. Oder – altmodisch – wenn man den *lever* (Hebel) umgelegt hat. Der Hebel kann die Halterung der Zapfpistole selbst sein, kann aber auch an der Seite der Säule angebracht sein. Da muss man halt etwas suchen, bis es funktioniert. Und ganz wichtig: am Ende des Tankvorgangs den Hebel wieder zurücklegen.

Gezahlt wird in unterschiedlichen Varianten

1. **An der Zapfsäule mit Kreditkarte** – geht schnell, wenn man Sprachkenntnisse hat und versteht, was auf der Anzeige steht. Bei Problemen kommuniziert man per Sprechanlage mit dem Kassierer.
2. **Vor dem Tanken** – in British Columbia ist das seit 2007 sogar Gesetz. Ansonsten will man ganz einfach verhindern, dass die Kunden das Zahlen „vergessen" und einfach so davonfahren. Also hinterlegt man an der Kasse entweder seine

Kreditkarte oder man weiß bereits im Voraus, wie viel man tanken will und zahlt den entsprechenden Betrag.
3. **Nach dem Tanken** – gibt es auch noch, ist aber eher selten der Fall.

Da selbst Einheimische nicht immer wissen, wie im konkreten Fall der Tankvorgang abläuft, wird man als Tourist keinesfalls schief angesehen, wenn man das System nicht beherrscht und vorher erst einmal an der Kasse nachfragt.

Spritverbrauch

Im Zusammenhang mit Sprit sei noch auf einen weiteren wichtigen Unterschied zu den heimischen Gepflogenheiten hingewiesen – den Verbrauch. Wenn sich Gespräche mit Einheimischen ums Fahrzeug drehen, taucht unweigerlich die Frage nach dem Spritverbrauch auf: *„What is your mileage?"* Allerdings können nur die wenigsten Amerikaner und Kanadier etwas mit unseren Angaben von „Litern auf 100 Kilometer" etwas anfangen. Sie rechnen in *miles per gallon* oder *kilometres per litre*. Soll heißen, wie viele Meilen/Kilometer man mit einer Gallone/einem Liter fahren kann. Am besten rechnet man sich den Verbrauch seines Fahrzeugs schon mal in Ruhe daheim aus.

1 Kilometer	*0,621 Meilen*
1 Meile	*1,61 Kilometer*

1 Liter	*0,264 Gallonen*
1 Gallone	*3,785 Liter*

Unser Unimog verbraucht im Schnitt 21 Liter auf 100 Kilometern. Umgerechnet sind das 4,8 Kilometer pro Liter oder 11 Meilen pro Gallone.

Wasserversorgung

An Tankstellen, auf Campingplätzen und an den Entsorgungsstationen für Toilette und Abwasser kann man normalerweise auch Wasser auffüllen. **Trinkwasser** ist meist speziell gekennzeichnet. Leider ist der **Zusatz von Chlor** im Trinkwasser in Nordamerika weitverbreitet, was man nicht nur riecht, sondern auch schmeckt. Deshalb kauft man sich für sein Kaffee- und Teewasser entweder im Supermarkt spezielles Trinkwasser oder man hat ein Filtersystem im Fahrzeug, das diesen Geschmack beseitigt. Denken Sie in dem Fall an genügend Ersatzfilter.

Wasseranschluss

Um unseren Wasserschlauch unterwegs an die unterschiedlichen Gewindeformen anschließen zu können, haben wir folgendes System gebastelt:
Die kurzen Schlauchstücke haben auf einer Seite einen Bajonettanschluss für den Wasserschlauch, auf der anderen Seite haben wir verschiedene Gewinde angebracht.
Als Ersatz haben wir Schlauchstücke dabei, an denen wir eventuell neue Gewinde befestigen können.

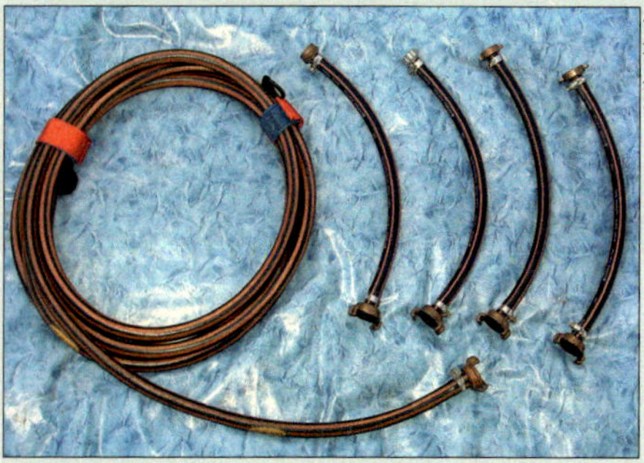

006la Abb.: ks

Werkstattverzeichnis

Wer es gewohnt ist, zu Hause an seinem Fahrzeug selbst zu arbeiten oder unterwegs auch mal in einer Werkstatt dabeizustehen, wenn etwas repariert wird, muss sich vor allem in den USA umstellen. Hier wird einem der Zugang zur Werkstatt fast immer verwehrt. Aufgrund von komplizierten **Haftungsklauseln und versicherungsrechtlichen Bestimmungen** kann es bei einer US-amerikanischen Werkstatt sogar vorkommen, dass man sich weigert, ein ausländisches Fahrzeug zu reparieren, selbst wenn es eine Vertragswerkstatt derselben Marke ist. Aber wenn das Modell nicht auf dem dortigen Markt erhältlich ist, will man sich absichern und späteren Schadensersatzforderungen aus dem Weg gehen.

Werkstatt in Kanada

Seit vielen Jahren gibt es in der Nähe von Vancouver einen Deutschen, der zwar hauptsächlich auf Mercedes Benz bzw. Unimog spezialisiert ist, aber auch bei anderen Fabrikaten weiterhelfen kann. Die Werkstatt ist in Langley, aber etwas schwierig zu finden, da sie außerhalb liegt. Am besten ruft man deshalb vorher an, auch um sicherzugehen, dass jemand anwesend ist.

Hans Mross Import Service Ltd., 25450-80th Avenue, Langley, B.C., V1 M 3M9, Tel. 6048886228, Fax 6048883861, info@unimogcanada.com, www.unimogcanada.com

Besorgen Sie sich trotzdem bei Ihrem heimischen Autohändler oder Ihrer Werkstatt ein Werkstattverzeichnis der in Nordamerika ansässigen Ansprechpartner. Nehmen Sie zusätzlich alle verfügbaren **Reparaturhandbücher** und Bedienungsanleitungen mit.

002pa Abb.: sk

Allgemeine Vorbereitung

ALEMANIA
GERMANY
AIC UD 50

Dokumente

Der **Reisepass** sollte noch einige Zeit länger gültig sein als die Dauer der vorgesehenen Reise, damit Sie nicht unter Zeitdruck kommen, wenn Sie aus irgendwelchen Gründen die Rückreise verschieben müssen. Außerdem braucht man genügend leere Seiten für die Stempel, die man bei den Grenzübertritten bekommt.

Ob Sie sich ein **Visa für die USA** besorgen wollen, hängt von der geplanten Aufenthaltsdauer ab. Ohne Visa können Deutsche, Österreicher und Schweizer im Rahmen des sogenannten Visa Waiver Program eine Aufenthaltserlaubnis bis zu 90 Tagen, mit Visa bis zu 180 Tagen bekommen. Die Ausstellung von Visa kann unter Umständen ein paar Wochen dauern und sollte deshalb so früh wie möglich beantragt werden. Die Gebühr beträgt derzeit 107,42 EUR (Stand: Februar 2009).

Egal ob mit oder ohne Visa, man muss sich vor der geplanten Reise unbedingt die genauen und aktuellen Einreisebestimmungen auf der Homepage der US-amerikanischen Botschaft durchlesen. Sie sind sehr umfangreich und ständigen Änderungen unterworfen, siehe Kapitel „Internetadressen" S. 135.

Wir haben schon seit vielen Jahren einen **Zweitpass** dabei. Zu seiner Ausstellung verlangt die Passbehörde oft eine schriftliche Begründung, wobei bisher der Hinweis auf die Durchführung einer Weltreise genügte. Der Zweitpass ist jeweils 5 Jahre gültig.

Den **Personalausweis** benutzen wir beispielsweise als Identifikation beim Bezahlen mit der Kreditkarte.

Gut beraten ist, wer bereits einen EU-Führerschein im Scheckkartenformat hat, weil er dem amerikanischen Format entspricht. Ältere Führerscheine (rosafarben oder grau) rufen eher Erstaunen hervor. Wir wurden zwar noch nie danach gefragt, haben aber immer einen **internationalen Führerschein** (3 Jahre gültig) dabei. Er wird nur ausgestellt, wenn man bereits einen EU-Führerschein hat.

Denken Sie auch an eine **Vollmacht,** mit der der Eigentümer andere Personen zum Fahren des Fahrzeugs berechtigt. Sie kann zum Beispiel wichtig werden, wenn der Eigentümer die Reise abbrechen musste, im Krankenhaus liegt etc. und der/die Reisepartner/in allein mit dem Fahrzeug unterwegs ist. Eine Vollmacht (mit englischer Übersetzung) gibt es entweder als Vordruck beim ADAC oder Sie lassen sich eine von einem Notar ausstellen.

Neben den notwendigen Dokumenten sollten Sie auch **Mitgliedsausweise** (z. B. ADAC, DAV) oder andere Führerscheine und Lizenzen (Fliegen, Segeln, Tauchen etc.) mitnehmen.

Kopien
Wir haben von allen Dokumenten und Kreditkarten Kopien gemacht, die zu Hause bei Vertrauenspersonen und bei uns im Fahrzeug hinterlegt sind. Zusätzlich kann man seine Unterlagen einscannen und auf einem E-Mail-Konto speichern.

Gesundheit

Bei der Einreise aus Europa gibt es **keine Impfvorschriften.** Trotzdem gehört selbstverständlich eine Überprüfung des eigenen Impfschutzes zu den Vorbereitungen einer Reise; ebenso der Besuch beim Zahnarzt sowie eine gründliche Untersuchung durch den Hausarzt.

Sowohl Kanada als auch die USA sind frei von Malaria. Dafur gibt es andere Krankheiten, die von Mücken und Zecken übertragen werden können und für die es keinen vorbeugenden Impfschutz gibt. Das sogenannte **West-Nil-Fieber** hat sich in den letzten Jahren immer weiter ausgebreitet und besonders hoch ist die Gefährdung in der Zeit von Mai bis November. Man sollte auf ausreichenden Insektenschutz achten, denn die Mücken sind tag- und nachtaktiv. Ebenfalls durch Mücken wird das **Denguefieber** übertragen, vor allem im Sommer und Herbst im südlichen Texas.

Zecken dagegen sind für zwei andere Krankheiten verantwortlich, mit denen insbesondere in den Waldgebieten Nordamerikas zu rechnen ist: **Lyme-Borreliose** und **Rocky-Mountain-Fleckfieber.** Man sollte bei Aufenthalten in Waldgebieten verstärkt darauf schauen, ob man von einer Zecke gebissen worden ist. Zeckensaison ist von April bis September.

Karten und Reiseführer

▼ In den Besucherzentren findet man meist umfangreiches Informationsmaterial

Für den Norden Amerikas gibt es eine Fülle an Reiseführern und selbst wenn man sich nur auf die Bücher beschränkt, die speziell auf Wohnmobiltou-

012pa Abb.: sk

risten zugeschnitten sind, hat man immer noch die Qual der Wahl. Eine Auswahl daraus zu treffen wird von der Reisedauer und den eigenen Interessen abhängen.

Auch in den **Touristeninformationen** vor Ort gibt es weitere Informationen, allerdings nur in englischer Sprache. Am besten legt man sich gleich einen Ordner oder eine Mappe zu, in der man das ganze Infomaterial sammelt.

Für eine Übersicht bei der Reiseplanung sind die **Karten des ADAC** geeignet, die man als Mitglied kostenlos bekommt. Bei den **Automobilklubs in Kanada und in den USA** kann man sich ebenfalls Straßenkarten besorgen.

Außerdem findet man im **world mapping project** des REISE KNOW-HOW Verlags eine Auswahl an Karten für Kanada und USA.

Alaska

Der Reiseführer „Milepost" vermarktet sich selbst als „die Bibel" für eine Reise durch Alaska und den Norden Kanadas (Alberta, British Columbia, Yukon, Nordwestterritorien). Er erscheint jährlich neu im April und ist ausschließlich als englische Version erhältlich (28,95 USD/22,90 EUR; 29,95 CAD/18,80 EUR). Der Führer ist sehr ausführlich, mit gutem Kartenmaterial und genauen Streckenbeschreibungen.

Für den Dalton Highway von Fairbanks zur Prudhoe Bay gibt es vom Bureau of Land Management eine Broschüre mit Fotos und Karten, in der die Strecke detailliert beschrieben wird. Entweder holt man sich den Dalton Highway Visitor Guide beim Alaska Public Lands Information Center, 250 Cushman Street, Fairbanks, oder man lädt ihn als PDF von der Website www.ak.blm.gov/ak/dalton herunter.

Stempel-Sammlung

Bei einer Nordamerikareise gibt es viele Möglichkeiten für Souvenirstempel:

- *In den Nationalparks und Nationalmonumenten der USA und Alaskas kann man jeden Parkbesuch mit Motiv und Datum selbst abstempeln.*
- *Am Kassenhäuschen in Hyder/Alaska bekommt man einen Bären-Stempel.*
- *Beim Grenzübertritt zwischen Kanada und Alaska auf dem Top of the World Highway gibt es einen Karibu-Stempel.*
- *Im Yukon und den Nordwestterritorien hat man in den Touristeninformationen viele Gelegenheiten, seinen Aufenthalt mit einem Stempel zu belegen, besonders bei der Fahrt auf dem Dempster Highway sowie dem Alaska Highway.*

Kanada

Gutes Kartenmaterial hat die Firma MapArt. Für British Columbia und Alberta gibt es das Ringbuch „Backcountryroads". Es ist speziell für diejenigen interessant, die auch mal abseits der üblichen Hauptrouten fahren oder ein paar Tage allein an einem See verbringen wollen. Es sind Forstwege und staatliche Campingplätze eingetragen. Die Hefte und Karten von MapArt findet man bei Tankstellen, Touristeninformationen oder Canadian-Tire-Kaufhäusern.

Das kostenlose Heft „Abenteuer AlaskaYukon Reisemagazin" auf Deutsch bzw. auch als Original „The Last Great Road Trip" auf Englisch behandelt den Norden Kanadas und Alaska. Man findet es in den Touristeninformationen (z. B. Watson Lake, Whitehorse, Dawson City). Darin werden stichpunktartig Sehenswürdigkeiten, Rastplätze, Aussichtspunkte und Campingplätze entlang der Straßen im Norden mit Kilometer- bzw. Meilenangaben beschrieben. Beide Hefte kann man sich bereits vorab im Internet ansehen: www.alaskayukon.com und www.thelastgreatroadtrip.com.

Wer den Dempster Highway befahren will, besorgt sich unterwegs das kostenlose, englischsprachige Heft „The Dempster Highway Travelogue", in dem die Strecke und all ihre Besonderheiten mit Kilometerangabe beschrieben werden (erhältlich beispielsweise in der Klondike River Lodge am Abzweig zum Dempster Highway oder im Dempster Interpretative Centre, km 71 am Dempster Highway).

USA

Ein guter Kartenatlas für die USA und Kanada ist der fast DIN-A3 große „The Road Atlas" von Rand McNally. Wenn man ihn sich in der Wal-Mart-Version kauft, bekommt man ihn nicht nur um die Hälfte günstiger, sondern es sind auch alle Wal-Mart-Supermärkte darin aufgelistet.

In den Besucherzentren der Nationalparks in den USA gibt es für jeden Park eine kostenlose Karte. Als Erklärung dazu gibt es sogar die ein oder andere deutschsprachige Broschüre. Man sollte auf jeden Fall gezielt danach fragen.

Detaillierte Angaben für das Gebiet Arizona, Colorado, New Mexiko und Utah mit sämtlichen Nationalparks macht die Karte „Indian Country Guide Map" des AAA-Automobilklubs. Man bekommt sie in den Geschäftsstellen des AAA (American Automobile Association), an Tankstellen, in Supermärkten oder Buchhandlungen.

Kostenkalkulation

Unabhängig vom Lebensstil gibt es bei den Kosten einige Faktoren, die man nicht beeinflussen kann. Der schwankende **Umrechnungskurs** zwischen Euro und kanadischem bzw. US-amerikanischem Dollar sowie der Rohölpreis und die damit verbundenen Spritkosten können dabei die Reisekasse gleich mit 100–200 Euro im Monat mehr oder weniger belasten.

Die nachfolgenden Hinweise und Preise sollen Ihnen dabei helfen, sich vorab ein Bild darüber zu machen, womit Sie in etwa kalkulieren sollten (Umrechnungskurse siehe Kapitel „Reisekasse" S. 34). Weitere Angaben zu Gas, Grenzformalitäten und Straßenmaut finden Sie in den separaten Kapiteln.

Eigene Kosten
Unsere Kosten beliefen sich auf 35 EUR bis 55 EUR/pro Tag für 2 Personen und Unimog (ohne Flug, Verschiffung und Reparaturen).

Eintrittspreise

Sowohl in Kanada als auch in den USA wird der Besuch von **Nationalparks** einen Großteil der Reise ausmachen. Bei folgenden Preisbeispielen wird schnell klar, dass es kostengünstiger ist, sich gleich beim ersten Besuch in einem Park einen Jahrespass zu kaufen (Stand April 2009):

- Banff NP 9,80 CAD/6,20 EUR Person/Tag
- Jasper NP 9,80 CAD/6,20 EUR Person/Tag
- Bryce Canyon NP 25 USD/19,70 EUR Fahrzeug/7 Tage

- Denali NP 20 USD/15,80 EUR Fahrzeug/7 Tage
- Grand Canyon NP 25 USD/19,70 EUR Fahrzeug/7 Tage

Gebühr für einen Jahrespass (Stand April 2009):
- Kanada: 136,40 CAD/85,70 EUR für eine Familie/Gruppe
- USA: 80 USD/63,20 EUR für Karteninhaber und Mitreisende in einem Fahrzeug

Abkürzungen
NP bedeutet „National Park“ (Nationalpark), NM steht für „National Monument“ (Nationalmonument)

Lebenshaltungskosten

Es wird saisonal und regional immer wieder günstige **Lebensmittel** geben, allgemein kann man jedoch davon ausgehen, dass mindestens mit deutschem Preisniveau gerechnet werden muss. Einfluss auf die Preise haben auch die unterschiedliche **Besteuerung** in den Bundesstaaten und Provinzen bzw. Territorien sowie hohe Transportkosten in entlegene Gebiete.

- Bei Lebensmitteln ist das Preisniveau in Kanada grundsätzlich höher als in den USA.
- In Kalifornien sind der Lebensstandard und damit die Kosten generell höher als in den anderen Bundesstaaten.
- In Oregon, Montana und Anchorage/Alaska wird keine Steuer erhoben.
- In Alberta zahlt man nur die landesweit übliche GST (Goods + Services Tax), die PST (Provincial Tax) entfällt.

- Im Yukon, den Nordwestterritorien und auf Vancouver Island werden gen Norden die Preise aufgrund der großen Entfernungen immer höher.
- Für Bier zahlt man in Kanada leicht das Doppelte oder sogar Dreifache dessen, was man z. B. in den USA bezahlt.
- Die Preise für Obst und Gemüse erscheinen im ersten Moment oft recht günstig. Sie beziehen sich aber – auch in Kanada! – immer auf ein *pound*, was etwa 450 Gramm entspricht. Für den ungefähren Kilopreis multipliziert man die Angabe mit 2,2. Dazu kommt dann eventuell noch die Steuer.

Reparaturen

In den Vertragswerkstätten liegen die Stundenlöhne bei 70–100 CAD/USD (45/55 EUR–63/80 EUR). In freien Werkstätten sind die Preise auf jeden Fall niedriger und auch mal verhandelbar.

▼ Tankstelle in Arizona

013pa Abb.: sk

Spritpreise

Trotz enormer Preissteigerungen in den letzten Jahren sind **Benzin** und **Diesel** noch immer günstiger als in Europa. Die Preise sind regional sehr unterschiedlich und Billigangebote kommen vor allem denjenigen zugute, die größere Mengen bunkern können. Hier einige Webseiten, auf denen man sich über aktuelle Spritpreise informieren kann:

- www.loves.com (USA)
- www.tatravelcenters.com (USA)
- www.gasbuddy.com (Kanada, USA)
- www.travelguidebook.com→Trip Planning→Gas Prices (Yukon, Nordwestterritorien)

Die Preise in Kanada beziehen sich auf 1 Liter.

(Stand Februar 2009)	Benzin	Diesel
Alberta	*0,74-0,97 CAD (0,46-0,61 €)*	*0,76-0,98 CAD (0,48-0,62 €)*
British Columbia	*0,80-1,15 CAD (0,50-0,72 €)*	*0,84-0,99 CAD (0,53-0,62 €)*
NW-Territorien	*0,98-1,14 CAD (0,62-0,71 €)*	*1,01-1,15 CAD (0,63-0,72 €)*
Yukon	*1,03-1,27 CAD (0,65-0,80 €)*	*1,12-1,16 CAD (0,70-0,73 €)*

Die Preise in den USA beziehen sich auf 1 Gallone (= 3,78 l).

(Stand Februar 2009)	Benzin	Diesel
Alaska	*2,07-2,79 USD (1,62-2,19 €)*	*2,79-3,59 USD (2,19-2,82 €)*
Arizona	*1,85-2,21 USD (1,45-1,73 €)*	*1,79-2,07 USD (1,40-1,62 €)*

(Stand Februar 2009)	Benzin	Diesel
Kalifornien	*1,99-2,79 USD (1,56-2,19 €)*	*2,08-2,15 USD (1,63-1,69 €)*
Nevada	*1,74-2,35 USD (1,36-1,84 €)*	*1,95-2,15 USD (1,53-1,69 €)*
Oregon	*1,83-2,16 USD (1,43-1,69 €)*	*2,13-2,19 USD (1,67-1,72 €)*
Texas	*1,55-1,81 USD (1,22-1,42 €)*	*1,83-1,93 USD (1,43-1,51 €)*
Utah	*1,57-1,83 USD (1,23-1,43 €)*	*1,97-2,07 USD (1,55-1,62 €)*
Washington	*1,89-2,24 USD (1,48-1,76 €)*	*1,99-2,19 USD (1,56-1,72 €)*

„Superbucks" in Kanada

Bei einigen Supermärkten des Loblaw-Konzerns (Real Canadian Superstore, Extra Foods, Real Canadian Wholesaleclub, Atlantic Superstore) gibt es auch Tankstellen. Beim Tanken bekommt man dort von den sehr günstigen Preisen regional zwischen 2,5 und 7 Cent pro Liter in Form von „Superbucks" erstattet. Dabei handelt es sich um einen Gutschein, der innerhalb von 2 Monaten im Supermarkt eingelöst werden kann.

Übernachtungen

Die Preise auf den **Campingplätzen** hängen von deren Ausstattung ab, ob sie privat oder staatlich betrieben werden und welchen Anschluss man direkt an seinem Platz haben möchte. Meist wird hier in drei Kategorien unterschieden: kein Anschluss; Strom- und Wasseranschluss; Strom-, Wasser- und Abwasseranschluss.

Das Preisniveau hat eine sehr große Bandbreite. Unter 10 CAD/USD (6,30/7,90 EUR) wird man selten einen Campingplatz finden, selbst wenn er nur mit Plumpsklo ausgestattet ist. Meist liegen die Preise zwischen 15 CAD/USD (9,40/11,90 EUR) und 30 CAD/USD (18,90/23,70 EUR) pro Tag, können aber mit komplettem Anschluss *(full hookup)* auf 40–50 CAD/USD (25,10/31,60–31,40/39,50 EUR) steigen.

Verschiffung und Flug

Die Gesamtkosten für eine **Verschiffung** nach Kanada bzw. in die USA setzen sich aus verschiedenen Posten zusammen. Neben der normalen Frachtrate wird ein Treibstoffzuschlag (BAF) erhoben und sowohl im Abfahrts- als auch im Ankunftshafen fallen Speditions- und Hafengebühren an. Je nach Spediteur, Agent und Reederei klaffen die Preise hier auseinander, was konkrete Angaben schwierig macht. Als Beispiel kann unsere eigene Verschiffung im Oktober 2008 dienen:

- Frachtrate: 43 EUR/qm
- BAF: 40 %
- Speditions- und Hafengebühren Kanada: 270 CAD (170 EUR)
- Speditions- und Hafengebühren Deutschland: 388 EUR

Bei diesen beiden Firmen kann man im Internet einen ungefähren Preis für die Verschiffungskosten ausrechnen lassen bzw. selbst errechnen.

- www.transcamion.de
- www.seabridge-tours.de

Für einen **Hin- und Rückflug** nach Kanada sollte man zwischen 700 und 900 EUR pro Person veranschlagen; in die USA sollte man mit 500 bis 800 EUR pro Person rechnen.

BAF – Bunker Adjustment Factor

Der Bunkerzuschlag wird von den Reedereien erhoben, um die Schwunkungen des Rohölpreises auszugleichen. Er wird immer wieder neu festgesetzt. Der Ausdruck erklärt sich daraus, dass in der Schifffahrt das Tanken von Schiffen „Bunkern" genannt wird.

Krankenversicherung

Bei langfristigen Reisen ist eine **Auslandskrankenversicherung** unbedingt empfehlenswert. Das Angebot dafür ist inzwischen sehr groß und die Aufstellung bei www.reiseversicherung.com gibt einen ersten Überblick über die Beiträge. Nach den Versicherungsbedingungen muss man sich gesondert bei den Anbietern erkundigen. Vor allem sollte man darauf hinweisen, dass die Reise nach Nordamerika geht, denn aufgrund der hohen Behandlungskosten in den USA und Kanada verlangen manche Gesellschaften für diese Region einen Aufschlag oder grundsätzlich höhere Beiträge.

Bezahlung beim Arzt

Erfahrungsgemäß müssen Behandlungen sofort bezahlt werden, deshalb sollte man bei einem Arztbesuch genügend Bargeld und eine Kreditkarte mitnehmen. Lesen Sie sich außerdem die Vorschriften zur Rechnungserstattung durch, damit eine ausgestellte Rechnung den Anforderungen Ihrer Versicherung genügt.

Reisekasse

Das Zahlen mit **Kreditkarte** ist in Nordamerika noch weiter verbreitet als bei uns und sollte deshalb kein Problem darstellen. Da es jedoch vermehrt Betrugsfälle gibt, kann es vorkommen, dass man am Geldautomaten (z. B. Flughafen) kein Geld ziehen kann oder die Zahlung höherer Geldbeträge verweigert wird. In so einem Fall greift ein von den Kreditkartenausstellern eingerichteter Sicherheitscode. Die Karte wird so lange gesperrt, bis man sich telefonisch mit seiner Bank in Verbindung setzt. Eine eiserne **Bargeldreserve** ist deshalb empfehlenswert.

Wechselkurse (Stand: Februar 2009)

Einem Euro entsprachen

- *Kanada: 1,59 CAD*
- *USA: 1,27 USD*

Bei www.oanda.com kann man unter Currency Tool→FXConverter den aktuellen Umrechnungskurs abrufen.

Vor Antritt der Reise ist es auf jeden Fall sinnvoll, beim Aussteller der Kreditkarte darauf hinzuweisen, wie lange und in welchen Ländern man unterwegs sein wird. Auch sollte man sich eine Telefonnummer geben lassen, die man vom Ausland aus anrufen kann, wenn man mit der Karte nicht zahlen konnte. Die in Deutschland eingerichteten Servicenummern kann man von unterwegs aus nur bedingt anrufen.

014pa Abb.: sk

▲ *Geldautomaten sind zahlreich vorhanden*

Bargeldabhebungen an **Geldautomaten** (ATM) tätigt man besser bei Geldinstituten, da von den in Supermärkten oder Kaufhäusern aufgestellten Maschinen nur kleinere Beträge herausgegeben werden. An Automaten wird oft eine zusätzliche Gebühr von 1–1,50 CAD/USD (0,60/0,80 – 0,90/1,20 EUR) fällig, mit der man sich einverstanden erklären muss, sonst wird das Geld nicht ausgezahlt.

Zur Kontrolle der Abrechnung sollte man sich alle Belege aufheben, auch solche, bei denen die Zahlung verweigert worden ist.

Wer sein Giro- und Kreditkartenkonto auf **Internetbanking** umstellt, kann bereits unterwegs seine Abhebungen kontrollieren. Das Erledigen von Bankgeschäften an fremden Computern erfordert gewisse Vorsicht. Unbedingt beachten sollte man die von der eigenen Bank vorgeschlagenen Sicherheitsvorschriften. Außerdem sollte man mindestens soweit mit der Bedienung von Computern vertraut sein, dass man auch bei Einstellungen in anderen Sprachen verhindert, dass Passwörter gespeichert werden und die besuchten Seiten hinterher vollständig gelöscht sind.

„Quarter"-Gedenkmünzen

Von 1999 bis 2008 ist von der US-amerikanischen Münzprägeanstalt United States Mint eine Gedenkmünzserie für 25-Cent-Münzen („Quarter") herausgegeben worden. Alle 50 Bundesstaaten sind auf der Rückseite mit einem individuellen Design dargestellt. Die Münzen sind ein originelles Souvenir und mit etwas Aufmerksamkeit ist es durchaus möglich, während seines Aufenthalts alle 50 Motive zu sammeln.

www.usmint.gov→Coins and Medals →50 State Quarters Program→ 10 Year Schedule

015pa Abb.: sk

▲ *Hier wird deutlich auf eine neue Zeitzone hingewiesen*

Zeitverschiebung

Sowohl in Kanada als auch in den USA gibt es sechs **Zeitzonen.** Außerdem wird vom 2. Sonntag im März bis zum 1. Sonntag im November auf Sommerzeit *(Daylight Saving Time)* umgestellt, allerdings in beiden Ländern mit Ausnahmen. In Kanada sind das die Provinz Saskatchewan, die Gegend um die Stadt Québec sowie einige Orte in den Provinzen Ontario und British Columbia. In den USA stellt der Bundesstaat Arizona nicht um, die darin liegenden Navajo-Indianerreservate aber schon. Und um das Ganze noch etwas verwirrender zu machen, gibt es in den USA Bundesstaaten, in denen zwei verschiedene Zeitzonen gelten (z. B. Idaho). Für wichtige Termine sowie Abfahrts- und Öffnungszeiten sollte man sich deshalb vor Ort immer nach der aktuellen Uhrzeit erkundigen.

Zeitzonen und Bezeichnungen in Kanada von Ost nach West

- Newfoundland Standard Time (NST)/Daylight Time (NDT): –4,5 Std.
- Atlantic Standard Time (AST)/Daylight Time (ADT): –5 Std.
- Eastern Standard Time (EST)/Daylight Time (EDT): –6 Std.
- Central Standard Time (CST)/Daylight Time (CDT): –7 Std.
- Mountain Standard Time (MST)/Daylight Time (MDT): –8 Std.
- Pacific Standard Time (PST)/Daylight Time (PDT): –9 Std.

Zeitzonen und Bezeichnungen in den USA von Ost nach West

- Eastern Standard Time (EST)/Daylight Time (EDT): –6 Std.
- Central Standard Time (CST)/Daylight Time (CDT): –7 Std.
- Mountain Standard Time (MST)/Daylight Time (MDT): –8 Std.
- Pacific Standard Time (PST)/Daylight Time (PDT): –9 Std.
- Alaska Standard Time (AKST)/Daylight Time (AKDT): –10 Std.
- Alaska-Hawaii Standard Time (AHST)/Daylight Time (AHDT): –11 Std.

003pa Abb.: sk

Unterwegs

016pa Abb.: sk

▲ *Reiseinfos, Karten, Broschüren*

Automobilklubs

In beiden Ländern gibt es Automobilklubs, die mit europäischen Klubs einen Kooperationsvertrag haben und in den Büros vor Ort erhält man gegen Vorlage der europäischen Mitgliedskarte meist kostenloses **Kartenmaterial.** Bei **Pannen** beschränkt sich der kostenlose Service bei Autos auf einfache Hilfen wie Reifenwechsel, Starthilfe und Abschleppen innerhalb von 5–10 Kilometern. Größere Hilfestellung und vor allem Service bei Wohnmobilen und Motorrädern muss man meist extra bezahlen.

Bereits zu Hause kann man sich in den heimischen Klub-Geschäftsstellen Straßenkarten und Infomaterial für die Reiseplanung besorgen, u. a. die Broschüre mit den Niederlassungen der kanadischen und US-amerikanischen Automobilklubs.

CAA und AAA

● *Kanada*

Die Abkürzung für den kanadischen Automobilklub lautet „CAA", in der Provinz British Columbia jedoch „BCAA".

Canadian Automobile Association, 1145 Hunt Club Road, Suite 200, Ottawa, Ontario K1V 0Y3, www.caa.ca

● *USA*

Für den US-amerikanischen Automobilklub steht das Kürzel „AAA", aber im Bundesstaat Kalifornien „CAA".

American Automobile Association, 1000 AAA Drive, Heathrow, Florida 32746-5063, www.aaa.com

Chemietoilette

Selbst wenn man plant, überwiegend auf Campingplätzen zu übernachten, wird man oft froh über die **Mitnahme einer eigenen Toilette** sein. Besonders die auf einfachen Campingplätzen üblichen Plumpsklos sind nicht jedermanns Sache. Und in Alaska sind viele als Rest Area angekündigte Rastplätze nichts weiter als eine freie Fläche neben der Straße zum Halten, ohne jede weitere Einrichtung.

Wer erst unterwegs entscheiden will, ob er eine Toilette mitnimmt, findet bei Bedarf vor Ort in den Campingabteilungen von Supermärkten oder Kaufhäusern meist mehrere Modelle und hat die Auswahl zwischen Trocken- und Chemietoilette. Selbstverständlich gibt es dort auch die notwendigen Chemikalien und Müllbeutel zu kaufen.

Entsorgungsstationen *(dumpstations)* für Toilette und Abwasser sind in den USA auf vielen Campingplätzen und „Flying J"-Truckstops vorhanden. In Kanada dagegen gibt es sie oft nur auf den teuren privaten Plätzen. Dafür haben viele Städte und Gemeinden kostenlose öffentliche Entsorgungsstationen eingerichtet. Diese Liste kann im Internet unter www.rvdumps.com und www.sanidumps.com ebenso herunterladen werden wie eine Übersicht über die „Flying J"-Truckstops. Für den Yukon gibt es eine Liste mit Entsorgungsstationen („Where to Find RV Dump Stations in the Yukon") beim Visitor Centre (Besucherzentrum) in Watson Lake.

Gasversorgung

Die Gasversorgung ist überall gewährleistet, weil viel mit Gas gekocht und gegrillt wird. Vor allem aber der hohe Bedarf durch die große Anzahl an Wohnmobilen, die in Nordamerika unterwegs sind,

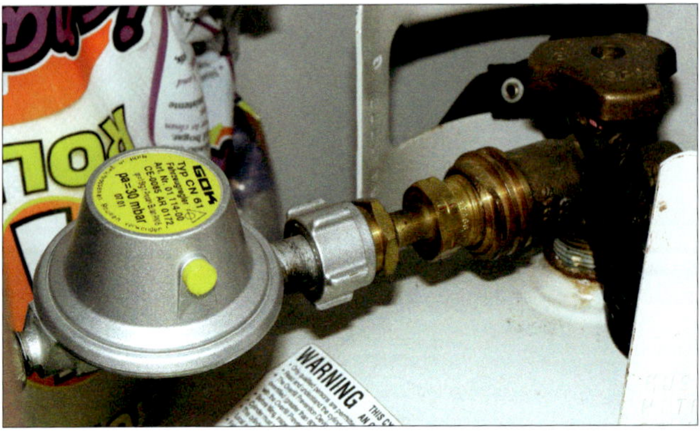

017pa Abb.: sk

▲ *Gasadapter von einer amerikanischen Flasche an das deutsche System*

bringt es mit sich, dass an sehr vielen Stellen Gas vertrieben wird. Nicht nur an großen Gasstationen, sondern auch an vielen Tankstellen und selbst auf Campingplätzen kann man Gas auffüllen lassen. Allerdings weicht das **nordamerikanische Gassystem** bezüglich des Anschlusses vom deutschen ab und das Füllen deutscher Gasflaschen ist nur mittels Adapter möglich. Diesen sogenannten **USA-Adapter** muss man sich bereits zu Hause besorgen (Ausrüstungsladen, Campingzubehör, Gashändler). Trotzdem wird man an den großen Gasstationen (z. B. AmeriGas) damit seine Flaschen nicht gefüllt bekommen. Aus Haftungsgründen werden nur in Nordamerika zugelassene Gasflaschen gefüllt. Größere Chancen hat man deshalb an kleineren Tankstellen oder Gasstationen.

Eine andere Überlegung wäre, die deutsche Flasche daheim zu lassen, sich in Nordamerika eine **einheimische Gasflasche** für den dortigen Aufenthalt zu kaufen und sie dann am Ende der Reise dort zu lassen. Dafür sprechen mehrere Gründe:

- Bei einer Verschiffung nach Nordamerika muss die Gasflasche leer sein.

Gas – Propane

Unserem deutschen Wort Gas entspricht im Englischen der Begriff „propane". Mit dem englischen Wort „gas" dagegen ist im Deutschen Benzin gemeint.

- *Kanada: 1 Liter Gas kostet 0,90–1,50 CAD (0,57–0,94 EUR)*
- *USA: 1 Gallone Gas kostet 2,35–5,50 USD (1,86–4,35 EUR)*

- Bei einer Verschiffung von Kanada zurück nach Deutschland muss sie nicht nur leer sein, sondern kostenpflichtig (bis zu 200 CAD/125 EUR) von einer Spezialfirma gereinigt werden.
- Das Füllen einer vor Ort gekauften Flasche bereitet keinerlei Schwierigkeiten und wäre auch bei der Weiterfahrt nach Mittel- und Südamerika von Vorteil, da dort ebenfalls das amerikanische System verwendet wird.

Die gängigen **nordamerikanischen Gasflaschen** sind geringer in der Höhe, haben jedoch einen größeren Umfang. Für den Anschluss an das deutsche System braucht man wiederum einen Adapter. Wenn man so etwas vorhat, muss man sich den Adapter bereits daheim besorgen (z. B. Fa. Seabridge, Wynen Gastechnik).

018pa Abb.: sk

◀ *Tankstelle in Nevada*

Grenzformalitäten

Kanada

Sowohl bei der **Einreise** mit dem **Flugzeug** als auch auf dem **Landweg** wird man einige Fragen gestellt bekommen, die sicherstellen sollen, dass man nicht für immer im Land bleiben will. So z. B. die Frage nach ausreichenden Geldmitteln für die Dauer des Aufenthalts sowie der Nachweis eines Rückflugtickets oder Papiere, dass das Fahrzeug wieder außer Landes transportiert wird. Die Aufenthaltsdauer für Personen beträgt maximal 180 Tage. Man bekommt einen Einreisestempel in den Pass und wenn daneben kein weiteres Datum vermerkt wird, darf man die volle Zeit bleiben.

Bei der Einreise mit dem Flugzeug füllt man pro Familie/Ehepaar eine **Zollkarte** aus; bei der Einreise auf dem Landweg entfällt diese Formalität meistens und man muss die Fragen mündlich beantworten.

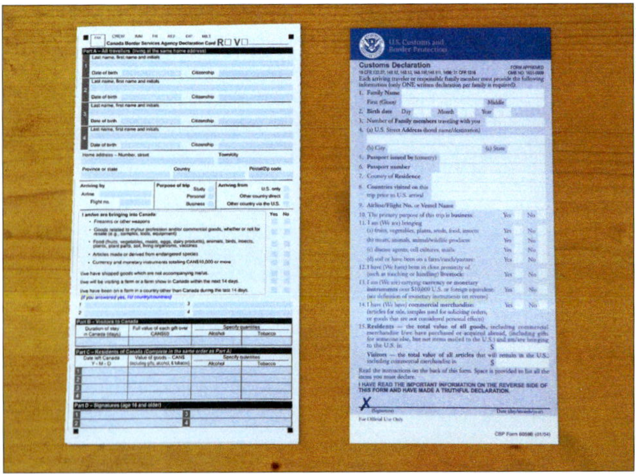

▼ *Einreisepapiere Kanada und USA*

019pa Abb.: sk

◀ *Fähre über den Mackenzie River, Dempster Highway*

Ausreiseformalitäten für Personen gibt es derzeit nicht.

Bei der **Ankunft** mit dem **Fahrzeug** auf dem **Seeweg** bekommt man Fracht- und Zollpapiere ausgehändigt; bei der Einreise auf dem **Landweg** bekommt man keine Papiere ausgestellt. Das Fahrzeug darf grundsätzlich nur zusammen mit dem Eigentümer im Land bleiben. Möchte man es während seiner Abwesenheit unterstellen, muss man bei der Einreise nach dem Formblatt „E99 Canada Customs Report" fragen. Ob das zeitweilige Abstellen eines Fahrzeugs genehmigt wird, ist nicht vorhersagbar.

Bei der **Ausreise** des **Fahrzeugs** per **Schiff** werden die Formalien üblicherweise von einer Agentur (siehe Kapitel „Verschiffung" S. 60) erledigt; bei der **Ausreise** auf dem **Landweg** ist nichts weiter veranlasst.

Lebensmittelkontrollen siehe S. 50.

USA

Für die USA gibt es seit 12. Januar 2009 neue Einreisebestimmungen. Staatsangehörige aus Ländern, die an das **Visa Waiver Program** (VWP, visumfreies Reisen) angeschlossen sind, benötigen nun eine **elektronische Einreiseerlaubnis** („Electronic System for Travel Authorization", ESTA). Welche Länder und welcher Personenkreis unter das visumfreie Reisen fallen, steht ausführlich auf der Website der amerikanischen Botschaft (s. S. 136). Dort findet man auch Informationen zu ESTA und dazu, auf welcher Webseite man das Formular ausfüllen und die Erlaubnis beantragen kann. Man sollte sich auf alle Fälle rechtzeitig vor der Abreise auf der Website der amerikanischen Botschaft über den aktuellen Stand der Einreise- und Visabestimmungen informieren.

Die meisten Fluggesellschaften verlangen derzeit beim **Einchecken** am Heimatflughafen noch das sogenannte **APIS-Formular** („Advance Passenger Information Service", erweitertes Passagier-Informationssystem), in dem es auch um die Adresse der ersten Übernachtung in den USA geht. Das Formblatt bekommt man bei der Flugbuchung oder kann es sich im Internet herunterladen, zum Beispiel: www.barig.org→Barig Aktuell→US-Formblatt.

Im Flugzeug bekommt man pro Person eine **Einreisekarte** ausgehändigt, die auszufüllen ist. Die weiße Karte ist für Reisende mit Visa, die grüne Karte für visafreie Einreise. Die grüne Karte soll später einmal entfallen, doch ein Zeitpunkt dafür ist von den amerikanischen Behörden bisher noch nicht festgesetzt worden. Außerdem füllt man pro Familie/Ehepaar eine **Zollerklärung** aus.

Bei der Ankunft wird man fotografiert und es werden Fingerabdrücke genommen. Üblich sind zurzeit der linke und rechte Zeigefinger, aber an manchen Flughäfen setzt man bereits ein neues System ein, das alle zehn Finger erfasst. Geplant ist, dieses System auf alle Grenzübergänge und Flughäfen auszuweiten.

Bei der **Einreise** auf dem **Landweg** entfallen die elektronische Einreiseerlaubnis (ESTA) und das APIS-Formblatt. Aber es ist durchaus möglich, dass

Kubanische Zigarren

Man kann sowohl in Kanada als auch in Mexiko kubanische Zigarren kaufen, darf sie jedoch nicht mit in die USA nehmen. Aufgrund des US-amerikanischen Embargos gegenüber Kuba ist die Einfuhr der Zigarren verboten und wird manchmal kontrolliert.

danach gefragt wird, wo man die erste Nacht verbringt. Auch die Zollerklärung entfällt meistens und man wird mündlich nach diesen Angaben gefragt. Man wird fotografiert und muss seine Fingerabdrücke abgeben. Außerdem füllt man eine grüne Einreisekarte (visafreie Einreise) oder eine weiße Einreisekarte (Einreise mit Visa) aus.

Zusätzlich wird bei der Einreise aus Kanada und Mexiko eine Gebühr von 6 USD (4,70 EUR) pro Person erhoben.

Bei der **Ausreise** mit dem **Flugzeug** gibt man die grüne oder weiße Einreisekarte bei der Fluggesellschaft ab. Außerdem muss man seine Ausreise selbst an einem Automaten erledigen. Diese Automaten *(automated exit kiosk)* sind am Flughafen im Sicherheitsbereich aufgestellt und es steht auch Hilfspersonal bereit, wenn man Probleme beim Bedienen hat.

Für die **Ausreise** auf dem **Landweg** nach Kanada oder Mexiko gibt es Hinweise auf der grünen oder weißen Einreisekarte, wie damit zu verfahren ist.

Bei der **Ankunft** mit dem **Fahrzeug** auf dem **Seeweg** bekommt man Fracht- und Zollpapiere ausgehändigt. Bei der Einreise auf dem **Landweg** bekommt man keine Papiere ausgestellt, aber es kann durchaus vorkommen, dass man nach Zollpapieren von der Verschiffung gefragt wird. Als Nicht-Einheimischer darf man sein Fahrzeug offiziell ein Jahr in die USA bringen. Die entsprechende Vorschrift kann man auf der englischsprachigen Homepage der National Highway Traffic Safety Administration nachlesen: www.nhtsa.dot.gov/cars/rules/import/TempInfo.html→Nonresident of the United States.

Bei der **Ausreise** des **Fahrzeugs** per **Schiff** klärt man mit dem Agenten oder der Reederei ab, wie die Zollformalitäten gehandhabt werden. Bei der Ausreise auf dem **Landweg** ist nichts weiter veranlasst.

Lebensmittelkontrollen siehe S. 50.

Kommunikation

021pa Abb.: sk

▲ *Phone from car - nicht einmal zum Telefonieren muss man das Fahrzeug verlassen*

Internetcafés gibt es nur wenige, dagegen bieten selbst in kleinen Orten die öffentlichen Büchereien meist kostenlosen Internetzugang an. In Kanada wird außerdem in manchen Touristeninformationsbüros ein Internetzugang bereitgestellt.

Wenn man sein eigenes Notebook dabei hat und es für kabellosen Zugriff (↗„WiFi") eingerichtet ist, besteht die Möglichkeit, über einen ↗**Hot-Spot** auf das Internet zuzugreifen.

Dadurch hat man auch die Gelegenheit, billig über Internet zu telefonieren.

Will man von öffentlichen **Telefonzellen** ein internationales Gespräch führen, braucht man eine Telefon- oder Kreditkarte. Münzen reichen in dem Fall nicht aus, weil die Kosten so hoch sind, dass man mit dem Einwurf der notwendigen 25-Cent-Münzen gar nicht nachkommen würde. Lediglich in den USA findet man in Be-

WiFi-Ausstattung

Entweder ist bereits ein Netzwerkadapter im Computer eingebaut oder es wird eine passende Steckkarte eingeschoben.

Hot-Spot

An einem Hot-Spot besteht die Möglichkeit, über ein Drahtlosnetzwerk eine Verbindung zum Internet herzustellen. Solche Netzwerke können von Motels, Shoppingcentern, Campingplätzen, Restaurants, aber auch von Privatpersonen eingerichtet sein. Der Zugriff darauf ist nur möglich, wenn das Netzwerk entweder offen eingerichtet ist oder man das entsprechende Passwort hat. In den meisten Orten in Nordamerika wird man einen Hot-Spot finden.

reichen mit hohem Tourismusaufkommen manchmal Apparate, die günstige Tarife für internationale Gespräche anbieten. Hier sollte man auf entsprechende Aufkleber achten.

Damit man mit einem europäischen **Mobiltelefon** in Nordamerika telefonieren kann, braucht man mindestens ein Triband-, besser noch ein Quadbandtelefon, das die nordamerikanischen Frequenzen GSM 850 MHz und 1900 MHz abdeckt. Außerdem muss der eigene Mobilfunkanbieter einen internationalen Roamingvertrag haben. Wie gut die Abdeckung ist, klären Sie am besten rechtzeitig vorher mit Ihrer Telefongesellschaft ab. Trotzdem kann es vorkommen, dass das Telefonieren unterwegs nicht möglich ist, denn vor allem in Alaska, im Norden Kanadas und in den Nationalparks der USA gibt es keinen flächendeckenden Netzzugang.

Vorwahlnummern nach Nordamerika

- Kanada 001
- USA 001

Vorwahlnummern von Nordamerika aus

(die 0 bei der nachfolgenden Vorwahlnummer entfällt)

- Deutschland 01149
- Österreich 01143
- Schweiz 01141

Lebensmittelkontrollen

In den Ländern selbst gibt es keine Lebensmittelkontrollen. Lediglich bei Grenzübertritten ist darauf zu achten, dass man manche Dinge nicht mitbringen darf. Die Bestimmungen bei der Einreise per Flugzeug können dabei von denen bei der Einreise auf dem Landweg abweichen und hier wiederum kommt es darauf an, aus welchem Land der Grenzübertritt erfolgt. Änderungen sind beim Auftreten z. B. von Krankheiten oder Befall jederzeit möglich. Deshalb sollte man frische Lebensmittel (z. B. Obst, Gemüse, Fleisch, Wurst, Milchprodukte) nicht gerade noch in einem Großeinkauf erwerben.

Alaska

Angeblich soll bei der Einreise auf dem Landweg frisches Obst und Gemüse toleriert werden, das aus Kanada oder den USA stammt. Der Herkunftsnachweis erfolgt durch die aufgeklebten kleinen Etiketten. Obwohl wir diese Auskunft von unterschiedlichen Touristenbüros bekommen haben, möchten wir ausdrücklich darauf hinweisen, dass wir keine Garantie für die Richtigkeit der Angaben übernehmen können.

Kanada

Weil hier Alkohol wesentlich teurer ist als in den USA, wird man an der Grenze auch danach gefragt und kontrolliert. Die erlaubten Höchstmengen sollte man keinesfalls überschreiten: 1,5 l Wein oder 1,14 l Spirituosen oder 8,5 l Bier.

Bei frischen Lebensmitteln hängt es unter anderem auch von den Bestimmungen der jeweiligen Provinz bzw. des Territoriums ab, was man einführen darf und was nicht. Sicherheitshalber gibt man an der Grenze alles an, was man mitbringt.

USA

Sowohl bei der Einreise aus Mexiko als auch aus Kanada kann es zur unterschiedlichen Handhabung bei der Einfuhr von Lebensmitteln kommen. Es kommt auch darauf an, in welchen Bundesstaat man einreist. Um keine Schwierigkeiten zu bekommen, gibt man an der Grenze sicherheitshalber alles an.

Eigene Erfahrungen

Als wir von den USA nach British Columbia fuhren, mussten wir unsere Äpfel abgeben. Bei den Grenzübertritten von Alaska in den Yukon und umgekehrt hat sich niemand für die Lebensmittel interessiert. Bei der Einreise von Mexiko in die USA wurden uns Zitrusfrüchte und Tomaten abgenommen, anderes Gemüse durften wir behalten. Diese Beispiele sollen lediglich die unterschiedliche Abfertigung aufzeigen. Man darf trotzdem nicht davon ausgehen, dass es bei jeder Einreise gleich abläuft.

022pa Abb.: sk

▲ *Notfallnummer*

Notfälle

Für Notfälle macht man sich am besten schon zu Hause eine Liste mit Telefonnummern und Adressen, die im Fahrzeug so deponiert ist, dass man sie jederzeit griffbereit hat. Neben den Adressen der Botschaften gehören dazu vor allem die Nummern zur Sperrung der Kreditkarten, die der Auslandskrankenversicherung und der Autoversicherung.

Lokale Notrufnummer

- *Allgemeiner Notruf 911 (in beiden Ländern)*

ADAC-Notruf

Für Mitglieder hat der ADAC eine Notrufstation in Orlando/Florida eingerichtet, wo man unter der gebührenfreien Telefonnummer 18882221373 deutschsprachige Mitarbeiter erreicht. Mo–Fr 9–19 Uhr, Sa 10–18 Uhr (EST/EDT, siehe Kapitel „Zeitverschiebung" S. 36)

Polizeikontrollen

„Mounties“
In ihrer schicken roten Ausgehuniform trifft man die „Mounties“ in Kanada auf Festen und Paraden. Das Kürzel steht für Royal Canadian Mounted Police (Königliche kanadische berittene Polizei).

Anders als bei uns ist die Polizei in Nordamerika mit erheblich mehr Vollmachten ausgestattet. Entsprechend ist auch ihr Auftreten, vor allem in den USA. Diskussionen mit den Beamten sind nicht erwünscht, ein zurückhaltendes Verhalten unbedingt erforderlich. Generell wird man jedoch eher selten mit der Polizei in Berührung kommen, allenfalls mit den Rangern (Aufsehern) in den Nationalparks, die dort über ähnliche Befugnisse verfügen.

In Kanada ist die Polizeipräsenz weitaus geringer als in den USA. Auch hier wird man nur selten mit Polizisten zu tun haben, wenn man sich an die Verkehrsregeln hält.

Sollte man doch einmal ein Polizeifahrzeug direkt hinter sich sehen, das seine rot-blauen Lichter aufblinken und die Sirene aufheulen lässt, muss man davon ausgehen, dass man gemeint ist. Man hält dann sofort rechts an, stellt den Motor ab, öffnet das Fenster, lässt die Hände sichtbar auf dem Lenkrad liegen und bleibt sitzen, bis der Polizist kommt. Man sollte sich auf jeden Fall sofort als Tourist zu erkennen geben. Das entschuldigt zwar ein etwaiges Fehlverhalten nicht, aber man wird von der Polizei vielleicht doch etwas verständnisvoller behandelt. Hat man seine Papiere gerade nicht griffbereit, dann sollte man dem Polizisten unbedingt sagen, dass und wo man sie im Fahrzeug holen muss. Bedingt durch den weitverbreiteten Besitz von Schusswaffen gerade in den USA rechnet ein Beamter immer mit dem Schlimmsten. Keinesfalls sollte man ohne vorherigen Hinweis das Handschuhfach öffnen.

Reisezeit

In **Alaska** ist vor Mitte Juni und nach Mitte September die Wahrscheinlichkeit für schlechtes Wetter mit Regen oder sogar Schnee besonders hoch. Was aber nicht heißt, dass man in der anderen Zeit davon verschont bleibt. Juli und August sind normalerweise die besten Monate zum Reisen. Übrigens bezeichnen die Einheimischen die Tage, an denen das Thermometer 60 ° Fahrenheit (entspricht ca. 15 °C) überschreitet, schon als gut.

Im **Norden Kanadas** (Yukon, Nordwestterritorien) ist die Zeit von Anfang Juni bis Mitte September generell gut geeignet für eine Reise. Das Gleiche gilt für die Rocky Mountains, allerdings kann es in den Höhenlagen der Gebirge im September schon mal zu einzelnen Schneefällen kommen.

In **Alberta** und **British Columbia** dagegen kann man von Mai bis Ende September gutes Wetter haben. Auf **Vancouver Island** gilt die Westseite mit ihren Regenwäldern als regenreichste Gegend Kanadas, während man im Südosten an den Stränden im Sommer sogar baden kann. Und Victoria im Süden hat sogar den geringsten Schneefall des ganzen Landes und ein ausgesprochen mildes Klima. Beste Reisezeit für die Insel ist von Juni bis September.

Bei der Fahrt durch den **Westen und Südwesten der USA** hängt das Klima sowohl von der Höhenlage als auch der geografischen Lage ab. In den Nationalparks des Colorado Plateau auf Höhen von 1200 bis 2700 m muss man zwischen Oktober und April mit Schnee rechnen. Tiefere Lagen, vor allem in Grenznähe zu Mexiko, sind durchaus ganzjährig bereisbar, wenn man bereit ist, von November bis Februar kühlere Temperaturen in Kauf zu nehmen. Immerhin überwintern viele Kanadier und US-Amerikaner mit ihren Wohnmobilen im Süden von Kalifornien, Arizona, New Mexiko und Texas.

Wetterphänomene – aus eigener Erfahrung

Wir haben auf unseren Reisen schon einige ungewöhnliche Witterungen aussitzen müssen. Der Sommer 2006 galt im Südwesten der USA als der heißeste seit 70 Jahren. Was sich im ersten Moment ganz gut anhört, kann auch negativ sein. Mit der Hitze verbunden war ein zugezogener weißer Himmel – für Film- und Fotoarbeiten ein großer Nachteil. Außerdem wurden längere Wanderungen, der Besuch des über 50 °C heißen Death Valley oder Stadtbesichtigungen zu einer ziemlich anstrengenden Sache. Der Sommer 2008 dagegen galt in Alaska als einer der kältesten seit Mitte der 1970er-Jahre. Vier Wochen haben wir – fast nur bei bewölktem Himmel und Regen – gewartet, um endlich einen Flug über schneebedeckte Berge und Gletscher machen zu können.

023pa Abb.: sk

◀ *Sandsturm am Lake Powell/USA*

Unterwegs

Straßenbaustellen

Die Verkehrsregelung an Baustellen in Nordamerika erfolgt eher selten durch Ampeln und eigene Fahrstreifen. Hier werden vielmehr *flagger* und *pilot cars* eingesetzt. Das bedeutet, dass an den Enden einer Baustelle der Verkehr von einer Person (*flag-*

ger) mit Stoppschild so lange angehalten wird, bis der komplette Gegenverkehr vorbei ist. Meist dauert das nur wenige Minuten, wir haben aber auch schon bis zu 30 Minuten gestanden. Je nachdem, welche Arbeiten an einer Baustelle durchgeführt werden und über welche Strecke sie sich hinzieht, kommt es auch vor, dass man einem langsam fahrenden *pilot car* (Lotsenfahrzeug) hinterherfahren muss. So soll sichergestellt werden, dass alle Fahrzeuge sicher die Baustelle passieren und es ist strikt verboten, einen anderen Weg zu nehmen als der Lotse.

Straßenmaut

In den Ländern Nordamerikas gibt es nur wenige gebührenpflichtige Straßen.

In **Alaska** ist der Tunnel gebührenpflichtig, über den man den Ort Whittier auf der Kenai-Halbinsel

▼ *Mautgebühren Coquihalla Highway (Highway 5) von Hope nach Kamloops/ Kanada*

024pa Abb.: sk

erreicht. Für Wohnmobile bis 28 ft (ca. 8,50 m) ohne Anhänger kostet er 12 USD (9,50 EUR).

Im **Westen Kanadas** ist eine Straße in British Columbia mautpflichtig. Es ist der Coquihalla Highway (Highway 5) von Hope nach Kamloops. Ihn kann man umgehen, allerdings ist die Gebühr für Wohnmobile und Autos mit 10 CAD (6,30 EUR) nicht hoch.

Im **Osten Kanadas** wird in Nova Scotia die einzige Gebühr auf dem gesamten Trans-Canada-Highway erhoben (Mautstelle zwischen km-Marker 72 + 73, Highway 4). Autos bezahlen 4 CAD (2,50 EUR), Wohnmobile 5,25 CAD (3,30 EUR).

Im **Westen der USA** sind es vereinzelt Straßen im Einzugsbereich von Großstädten (Denver, Houston, Dallas, Ft. Worth, Los Angeles), um z. B. den Flughafen zu erreichen oder die Innenstadt zu umfahren. Meist gibt es jedoch kostenfreie Alternativen, um die Ziele auf anderen Straßen zu erreichen.

In **Kalifornien** sind im Bereich von San Francisco Bay und San Pablo Bay die großen Brücken gebührenpflichtig (z. B. 5 USD/3,95 EUR für die Golden Gate Bridge, aber nur wenn man stadteinwärts fährt).

004pa Abb.: sk

Verschiffung

Die Verschiffung eines Fahrzeugs nach Nordamerika ist eine ziemlich einfache Angelegenheit. An die **Ostküste** gibt es wöchentliche Verbindungen mit RoRo-Schiffen, die in Kanada den Hafen in Halifax und in den USA meistens Baltimore anlaufen.

Die **Westküste** dagegen wird weniger oft angefahren und vor allem gibt es hier RoRo-Schiffe nur zu Häfen in den USA (Tacoma, Port Hueneme, San Diego, Long Beach), nicht nach Kanada. Welchen Hafen man bei einer Verschiffung bevorzugt, wird natürlich vom geplanten Reiseverlauf abhängen. Nachforschungen haben jedoch ergeben, dass die Abwicklung der Ankunfts- und Abfahrtsmodalitäten in Kanada einfacher ist als in den USA.

Agenturen und Reedereien handhaben außerdem Formalitäten, Vorschriften, was im Fahrzeug belassen werden darf, die Abwicklung der Bezahlung etc. ganz unterschiedlich. Zum Vergleich hilft es nur, sich durchzutelefonieren und das Ganze jedes Mal von Neuem abzuklären.

▼ *Warten auf die Verladung in Halifax/Kanada*

025pa Abb.: sk

Wir haben nachstehend ein paar **Adressen** aufgeführt, von denen wir wissen, dass dort Wohnmobiltransporte angeboten werden. Dabei handelt es sich nur um eine begrenzte Auswahl und wir können keine Gewähr dafür übernehmen, dass diese Adressen auch für die Zukunft aktuell bleiben.

www.weltreise-forum.info
Als registrierter Benutzer findet man unter der Rubrik „Verschiffung von Kontinent zu Kontinent" Hinweise und Erfahrungsberichte zu Verschiffungen von Deutschland nach Nordamerika.

- **Nyk,** Afrikastr. 3, 20457 Hamburg, Tel. 040 7360560, www.nyklogistics.com
- **Seabridge,** Wilhelm-Heinrich-Weg 12, 40231 Düsseldorf, Tel. 0211 2108083, www.seabridge-tours.de
- **Transcamion,** Bodenseestr. 5, 81241 München, Tel. 089 8960730, www.transcamion.de
- **Wallenius Wilhelmsen Logistics,** Am Wall 137–139, 28195 Bremen, Tel. 0421 16290, www.2wglobal.com

005pa Abb.: sk

NORTH
US
395
KERN COUNTY
CALL
BOX
395 152
Inyokern
Independ
Bishop

Reiserouten

026pa Abb.: sk

▲ *Außerhalb der Hochsaison sind viele Campingplätze geschlossen*

Routenplanung

Die Routenplanung wird sich in erster Linie wohl am vorgegebenen **zeitlichen Rahmen** orientieren. Ein Zeitplan kann deshalb durchaus nützlich sein. Verplanen Sie aber nicht bereits im Voraus jeden Moment, sondern gönnen Sie sich zwischendurch immer mal ein paar freie Tage, um die neuen Erlebnisse auch in Ruhe verarbeiten zu können oder länger zu bleiben, wenn Ihnen ein Ort besonders gut gefällt. Sicher kann man zu Hause die Route grob festlegen. Ob man sich dann tatsächlich daran hält, wird sich erst unterwegs zeigen. Man sollte auch den Mut haben, etwas auszulassen, um sich dafür mit einer anderen Sache intensiver auseinanderzusetzen.

Natürlich spielt auch das **Klima** eine maßgebliche Rolle. Wir waren selbst schon in den Wintermonaten in Nordamerika unterwegs und der Anblick von schneebedeckten roten Felsen in den Nationalparks im Südwesten der USA oder ein Spaziergang über den zugefrorenen Lake Louise in den kanadischen Rocky Mountains ist ein Erlebnis der besonderen Art. Allerdings muss man im Winter viele Einschränkungen beim Wandern oder Camping in Kauf nehmen.

Des Weiteren sind die **großen Entfernungen** zu bedenken, die man in Europa so einfach nicht gewohnt ist. Da der Zustand der Straßen meistens gut ist, kann man zwischendurch sicher lange Tagesetappen fahren. Allerdings ist ja der Grund für eine Reise nicht nur der Spaß am Autofahren. Es geht eher darum, neue Erfahrungen zu machen. Und da ist es wichtig, nicht jeden Tag nur im Fahrzeug zu verbringen.

Die touristische Infrastruktur ist sowohl in Kanada als auch in den USA sehr gut und es werden überall Ausflüge und organisierte Touren angeboten, an denen man, je nach verfügbarem Reisebudget, teilnehmen kann.

Die nachstehend beschriebenen **Routen** führen zu den beliebtesten Reisezielen und Sehenswürdigkeiten. Die Kilometer sind angegeben, Zeitangaben dagegen entfallen. Schließlich setzt jeder Reisende andere Schwerpunkte und hat seinen eigenen Rhythmus beim Fahren. Zusätzlich zu den aufgezeigten Strecken gibt es natürlich eine Vielzahl an Möglichkeiten, abhängig von der zur Verfügung stehenden Zeit.

Hinweise zu den Routenbeschreibungen

Da dieser Reiseführer sehr kompakt gehalten ist, fallen aufgrund des begrenzten Platzangebots Beschreibungen zu Sehenswürdigkeiten und Landschaften sehr knapp aus. Für weitergehende Informationen sind unbedingt Reiseführer zu den einzelnen Ländern notwendig. Die Strecken sind, bis auf wenige Ausnahmen, durchgehend asphaltiert. Auf diese Ausnahmen wird ausdrücklich hingewiesen. Die Kilometerangaben basieren ebenso auf gefahrenen Kilometern wie auf Kartenangaben. Mit geringfügigen Abweichungen sollte gerechnet werden. Die Routen enden an den Landesgrenzen, auf Anschlussrouten wird hingewiesen.

▼ Hinweis in British Columbia/ Kanada, dass hier das metrische System gilt (findet man hauptsächlich in Grenznähe zu den USA)

027pa Abb.: sk

Gesonderte Hinweise zur Versorgung mit Sprit und Lebensmitteln werden nur dann gemacht, wenn es auf einer Strecke zu Eng-

Reiserouten

pässen kommen könnte. Üblicherweise ist in dieser Beziehung nicht mit Problemen zu rechnen. Auch Tankstellen, bei denen man nach einfacher automechanischer Hilfe fragen kann, sind meist ausreichend vorhanden.

Hinweise zu den Übernachtungsstellen

Unterwegs einen **gebührenpflichtigen Campingplatz** zu finden, ist in der Regel kein Problem. Große Anzeigen am Straßenrand weisen oft schon weit im Voraus darauf hin. In den Touristeninformationen vor Ort gibt es Broschüren und bei den Automobilklubs kann man sich die „Campbooks" für die US-amerikanischen Bundesstaaten besorgen. Wem das nicht genügt, der hat im amerikanischen und kanadischen Buchhandel noch die Auswahl unter verschiedenen Campingführern. Umfangreichstes Nachschlagwerk ist dabei wohl „Woodall's North American Campground Directory" für Kanada, die USA und Mexiko mit über 1900 Seiten und mehr als 2 Kilogramm Gewicht. Auch in den Reiseführern von Reise Know-How, die sich sehr ausführlich mit den Themen Alaska, Kanada und USA beschäftigen, findet man genügend Informationen und Hinweise zu Campingplätzen.

▼ *Camping am Lake Powell/USA*

028pa Abb.: sk

Schwieriger wird es bei **kostenlosen Stellplätzen.** Sei es für eine Nacht zur Zwischenübernachtung oder gleich für mehrere Tage. Neben den folgenden allgemeinen Hinweisen führen wir deshalb bei den einzelnen Routen nur Übernachtungsplätze auf, die gebührenfrei sind.

029pa Abb.: sk

▲ *Mit Bären muss man nicht nur in den Wäldern, sondern auch auf Campingplätzen rechnen*

In Nordamerika wird für Campen außerhalb von Campingplätzen der Begriff *boondocking* verwendet. Mit Englischkenntnissen findet man im Internet bei Suchmaschinen viele Webseiten, die sich damit beschäftigen.

In der Provinz **British Columbia/Kanada** gibt es eine Vielzahl an Campingplätzen auf staatlichem Land. Einige Plätze sind kostenpflichtig, viele dagegen kostenlos. Der Unterschied zwischen beiden liegt mehr in der Erreichbarkeit als in der Ausstattung. Egal ob kostenfrei oder nicht, man sollte höchstens ein Plumpsklo erwarten, bekommt nur selten Frischwasser und es gibt keine Entsorgung für Abwasser oder Toilette. Bei den gebührenpflichtigen Plätzen gibt es jedoch Mülltonnen und Feuerholz. Die kostenlosen Plätze sind oft nur über Pisten erreichbar, die nicht für jedes Wohnmobil geeignet sind, liegen meist abseits im Wald und eignen sich deshalb selten für eine Zwischenübernachtung. Sie sind aber ideal, wenn man die Einsamkeit sucht. Eine Liste aller Plätze kann man sich im Internet von der englischsprachigen Homepage des Ministry of Tourism, Culture and the Arts herunterladen: www.tca.gov.bc.ca/sites_trails/docs/sites.pdf.

Rastplätze *(Rest Areas)* entlang der Straßen sind nur bedingt für eine Übernachtung geeignet. Meist weisen Schilder bereits auf ein Verbot hin: *No camping, no overnight parking.* In Kanada kann man noch eher als in den USA Ausnahmen davon finden. Entweder gibt es keinen Hinweis oder den, dass man seinen Aufenthalt auf 8 oder 10 Stunden beschränken soll.

030pa Abb.: sk

▲ Der Wal-Mart in Whitehorse/ Kanada ist auf die zahlreichen Wohnmobilfahrer, die hier übernachten, bestens vorbereitet

Besonders in den USA findet man entlang der sogenannten Interstate Highways, also den gut ausgebauten Überlandstrecken, große Rastplätze neben den Tankstellen (z. B. Flying J Travel Plaza, Pilot Travel Center, Love's Travel Stops, Travel Centers of America). Sie sind hauptsächlich für Lkws gedacht, aber man kann auch mit einem Wohnmobil dort übernachten. Der Aufenthalt kann laut werden, denn die Fahrer stellen den Motor nicht ab. Wenn es heiß ist, läuft die Klimaanlage, wenn es kalt ist die Heizung und abends der Fernseher.

Für die **USA** gibt es eigene Bücher über freie bzw. billige Campingplätze im dortigen Buchhandel oder bei Wohnmobilzubehörläden. Ob sich deren Anschaffung lohnt, lässt sich nicht generell beantworten. Entweder liegen die Plätze sehr weit abseits, oft handelt es sich nur um Zeltplätze auf Wanderrouten oder die Plätze existieren nicht mehr bzw. lassen sich anhand der Beschreibungen nicht finden. Vor dem Buchkauf sollte man sich die Webseite www.freecampgrounds.com ansehen, die ähnlich aufgebaut ist wie die Bücher, und man bekommt einen Eindruck davon.

Generell gilt, dass in einem *National Forest* (Nationalwald) freies Campen erlaubt ist, sofern man eine Viertelmeile von der nächsten asphaltierten Straße entfernt ist. Ausnahmen davon sind normalerweise beschildert.

Sehr beliebt bei US-amerikanischen und kanadischen Wohnmobilfahrern ist die Übernachtung auf den Parkplätzen der Supermarktkette **Wal-Mart.** Wenn man abends dort ankommt, sieht man meist schon, wo die „Campingecke" ist und andere Wohnmobile parken. Allerdings sollte man alles vermeiden, was den Eindruck von Camping erweckt, also nicht unbedingt Stühle draußen aufstellen. Normalerweise wird das Parken von Campingfahrzeugen bei Wal-Mart toleriert, schließlich geht man davon aus, dass die Leute dort auch einkaufen. Aber Achtung: Es gibt auch Wal-Mart-Supermärkte, auf denen Verbotsschilder aufgestellt sind. Angeblich geht das aber nicht von der Firma Wal-Mart aus, sondern von den jeweiligen Stadtverwaltungen. Auch darüber kann man sich im Internet informieren: www.freecampgrounds.com→No Overnight Parking.

Im Zweifelsfall einfach beim *Customer Service* (Kundenservice) nachfragen.

In Alaska ist es der Supermarkt **Fred Meyer,** bei dem man fast immer übernachten darf. Eine Ausnahme davon ist Fred Meyer, Airport Road, Fairbanks. Hier sollte man die Verbotsschilder beachten und auf die Niederlassung am Old Steese Highway ausweichen. In Soldotna und in Anchorage, Northern Lights Blvd., gibt es auf den Parkplätzen sogar Entsorgungsstationen für Abwasser und Toiletten.

Alaska

Alaska ist der flächenmäßig größte Bundesstaat der USA und fast fünf Mal größer als Deutschland. Verglichen mit der Größe des Landes ist das Straßennetz Alaskas nicht sehr umfangreich. Viele Orte sind nur per Schiff oder Flugzeug erreichbar. Das Verkehrsnetz beschränkt sich auf den südlichen Teil des Festlandes samt Kenai-Halbinsel sowie die Verbindungen von Anchorage nach Fairbanks und an die kanadische Grenze.

Eine direkte Straßenverbindung zum Rest der USA besteht nicht, man fährt immer durch Kanada. Lediglich der Alaska Marine Highway verbindet den Bundesstaat Washington mit Alaska. Obwohl *Highway* (Straße) genannt, handelt es sich dabei um ein System von Fährverbindungen zu Häfen entlang der Pazifikküste Alaskas und British Columbias.

Die Orte Haines, Skagway und Hyder im Südosten Alaskas lassen sich aufgrund ihrer isolierten Lage und ihrer Erreichbarkeit besser in die kanadischen Reiserouten einfügen und werden deshalb dort beschrieben.

Übernachtungsstellen

- **Anchorage:** Supermarkt Fred Meyer, New Seward Highway/Northern Lights Blvd.; Supermarkt Sam's Club, Old Seward Highway/Dimond Blvd., N 61°08.439′, W 149°51.738′
- **Fairbanks:** Supermarkt Fred Meyer, Old Steese Highway, N 64°51.273′, W 147°41.603′
- **Glenn Highway:** Parkplatz an King-River-Brücke zwischen MP 66 und 67; Rastplatz zwischen MP 118 und 119, N 61°51.002′, W 147°23.052′
- **George Parks Highway, Hailey:** Plätze im trockenen Flussbett Dry Creek, Schotterpiste, N 63°52.902′, W 149°01.999′

- **George Parks Highway, MP 245:** mehrere Zufahrten zu freien Stellplätzen (gegenüber Denali RV Park), N 63°49.151′, W 148°58.835′
- **George Parks Highway, MP 195:** Platz am Middle Fork Chulitna River, N 63°15.008′, W 149°15.350′
- **Portage Glacier Highway:** kleiner See (Tangle Pond) zwischen MP 3 und 4, N 60°47.545′, W 148°54.016′; kleiner See (Williwaw Pond) zwischen MP 4 und 5, N 60°47.275′, W 148°51.973′
- **Richardson Highway, MP 26:** Thompson Pass, N 61°07.540′, W 145°43.622′
- **Seward:** Exit Glacier Road, Parkplatz am Fluss, N 60°09.540′, W 149°26.664′
- **Skilak Lake Road, Kenai-Halbinsel:** Lower Skilak Lake Campingplatz, Lower Ohmer Lake Campingplatz, Engineer Lake Campingplatz – Zufahrten sind beschildert
- **Soldotna:** Supermarkt Fred Meyer, N 60°29.298′, W 151°02.966′
- **Taylor Highway:** verschiedene Rastplätze
- **Tok:** kleiner See ca. 20 km nördlich des Ortes, zwischen MP 1327 und 1328, N 63°21.847′, W 143°24.852′

MP

ist die Abkürzung für „milepost", den „Meilenpfosten" oder „Meilenstein", und entspricht im Deutschen den Kilometermarkierungen am Straßenrand.

AK1: Poker Creek/Grenze – Tok, 195 km

Top of the World Highway und Taylor Highway
Anschlussroute für KA9; 120 km Asphaltstraße; 75 km Schotter; Versorgung und Tankstellen in Chicken und Tok; Öffnungszeiten der Grenze: 8–20 Uhr (Alaska-Zeitzone), 15. Mai–15. September, je nach Witterung auch früher oder später geschlossen bzw. geöffnet.

Reiseruten

031pa Abb.: sk

▲ *Willkommen in Alaska (Taylor Highway)*

Ausreiseformalitäten beim Verlassen von Kanada gibt es nicht. Man stoppt direkt beim US-amerikanischen Grenzposten und erledigt dort die Einreiseformalitäten für die USA. Bereits einen Kilometer weiter ist der Rastplatz Davis Dome Wayside mit dem Schild „Welcome to Alaska" und einer fantastischen Aussicht. Auf einer zum Teil sehr holprigen Piste geht es 23 Kilometer zur Kreuzung Jack Wade Junction. Sie ist das Ende bzw. der Anfang des Top of the World Highway, je nachdem in welcher Richtung man unterwegs ist. Hier trifft man auf den Taylor Highway, der Tetlin Junction am Alaska Highway mit dem kleinen Ort ↗Eagle verbindet. Diejenigen, die auf den Abstecher dorthin verzichten, folgen ab hier der Piste nach Chicken. Das größte an dem Ort ist die Werbung, die dafür gemacht wird. Außer ein paar Souvenirläden, einigen alten Gebäuden und einem Campingplatz gibt es wenig, was man nicht schon anderswo gesehen hätte. Wenige Kilometer hinter Chicken beginnt die Asphaltstraße, die anfangs immer wieder von Schotterabschnitten unter-

Abstecher nach Eagle
Von der Kreuzung Jack Wade Junction sind es gut 100 Kilometer Fahrt auf einer Schotterpiste nach Eagle, einem ehemaligen Handelsposten. Heute ist dort der Verwaltungssitz des Yukon-Charley Rivers National Preserve, eines Naturschutzgebiets an der Grenze zu Kanada.

brochen wird. Es ist ein ständiges Auf und Ab durch bewaldete Berge mit vielen Haltemöglichkeiten neben der Straße. Bereits einige Kilometer bevor man den Alaska Highway erreicht, sieht man die Überreste eines Waldbrandes mit riesigen Flächen verbrannter Bäume. Nach Erreichen des Alaska Highways sind es noch knapp 20 Kilometer bis Tok. Der Ort ist Versorgungsstation und wichtiger Straßenknotenpunkt. Hier muss man sich entscheiden, in welcher Richtung man seine Alaska-Rundfahrt beginnt.

AK2: Tok – Fairbanks, 330 km

Alaska Highway und Richardson Highway
Anschlussroute für AK1; Asphaltstraße; Versorgung; Tankstellen

Die Route ist wenig spektakulär und führt meist durch Wald. Der wichtigste Haltepunkt ist der Ort Delta Junction, denn er kennzeichnet das offizielle Ende des Alaska Highway. Wie viele Kilometer man dabei zurückgelegt hat, wenn man auf direkter Strecke vom Anfang in Dawson Creek/Kanada bis hierher gefahren ist, kann man nur an seinem eigenen Kilometerzähler ablesen. Ansonsten reichen die Angaben von 2224 bis 2288 Kilometer. Ein Erinne-

▶ *Oberirdischer Verlauf der Trans-Alaska-Pipeline*

032pa Abb.: sk

Trans-Alaska-Pipeline
Seit Juni 1977 wird durch die 1290 Kilometer lange Pipeline Erdöl von der Prudhoe Bay am Eismeer bis in den eisfreien Hafen Valdez am Prince William Sound transportiert.

rungsfoto an dem Steinmarker vor dem Visitor Center gehört unbedingt dazu. Der Rest der Strecke nach Fairbanks wird auf dem Richardson Highway zurückgelegt. Unübersehbar ist 15 Kilometer nördlich von Delta Junction die ↗Trans-Alaska-Pipeline, wenn sie auf einer Brücke den Tanana River überquert. Knapp 40 Kilometer vor Fairbanks passiert man die Eielson Air Force Base (Eielson Luftwaffenbasis), von der im Zweiten Weltkrieg ab 1943 US-Kampfflugzeuge in das europäische Kriegsgebiet geflogen sind. Mit North Pole erreicht man bereits einen Vorort von Fairbanks. Hier steht das Santa Claus House mit auffälligem Weihnachtsmann davor, ein riesiges Geschäft, in dem sich das ganze Jahr über alles nur um Weihnachten dreht. Es ist so kitschig, dass es schon wieder sehenswert ist. Außerdem kann man einfach parken. In Fairbanks sind die Sehenswürdigkeiten nicht sehr zahlreich. Einen Besuch wert ist das Museum of the North (Museum des Nordens) auf dem Gelände der Universität. Besonders der Film „Dynamic Aurora" über das Nordlicht ist sehenswert.

➲ Anschlussrouten AK3 und AK4.

AK3: Fairbanks – Prudhoe Bay, 780 km

Steese Highway, Elliott Highway und Dalton Highway Anschlussroute für AK2; 330 km Asphaltstraße; 450 km Schotter; Versorgung in Fairbanks; Minimalversorgung in Coldfoot und Deadhorse; Tankstellen in Fairbanks, Yukon Crossing, Five Mile, Coldfoot, Deadhorse

Der Dalton Highway wird gerne als Abenteuerstrecke beschrieben, denn er ist die einzige Strecke über Land in den einsamen Norden Alaskas. Da der größte Teil Schotterpiste ist, ist es wichtig, sich über die Straßenverhältnisse zu informieren, bevor man sich vollgetankt und mit genügend Vorräten auf den Weg macht. Das Wetter ist im hohen Norden unberechenbar und selbst Schneefälle im Juli sind durchaus keine Seltenheit. Man wird in allen Broschüren von den großen Tiervorkommen wie Bären, Karibus, Elche, Moschusochsen, Dallschafe, Füchse und vieles mehr lesen. Doch dass man sie auch zu Gesicht bekommt, ist nicht garantiert und man sollte seine Erwartungen nicht zu hoch schrauben.

Ursprünglich war der Dalton Highway für die Versorgungsfahrzeuge beim Bau und später beim Unterhalt der Trans-Alaska-Pipeline gedacht. Erst Mitte der 1990er-Jahre wurde er für die Benutzung mit Privatfahrzeugen freigegeben. Sein offizieller Beginn ist ca. 135 Kilometer nördlich von Fairbanks. Bis dorthin fährt man zuerst auf dem Steese Highway bis Fox und weiter auf dem Elliott Highway zur Kreuzung Dalton Highway Junction.

Auch wer nicht weiter in den Norden fahren will, sollte von Fairbanks aus etwa 15 Kilometer auf dem Steese Highway bis zu einem Besichtigungspunkt für die Trans-Alaska-Pipeline fahren. Man kommt direkt zur Pipeline und kann sie von allen Seiten fotografieren. Die Kreuzung Elliott Highway/Dalton Highway ist der Beginn und damit der Milepost 0, das Ende ist in Deadhorse bei Milepost 414. Es geht gleich mit einem Schotterabschnitt los. Spätestens bei der Brücke über den Yukon (MP56) erkundigt man sich in der Visitor Contact Station noch einmal nach dem Straßenzustand und sonstigen Vorkommnissen für den weiteren Weg. Der Verlauf der Trans-Alaska-Pipeline ist schon auf Kilometer im Voraus zu sehen. Sie windet sich durch Wälder, Berge und Tundra-Landschaft. Bei MP 115 erreicht man den ↗Polarkreis *(Arctic Circle)*, was natürlich einen Halt und Fotos erforderlich macht. Neben dem Dempster Highway in Kanada ist es hier auf dem Dalton Highway die einzige Möglichkeit, in Nordamerika den Polarkreis auf einer Straße zu überqueren. Bei der Weiterfahrt, bis Coldfoot auf Asphaltstraße, gibt es genügend Rastplätze, die einen Ausblick bis zum Horizont bieten. Hinter Coldfoot fängt die Schotterpiste wieder an und auf den 385 Kilometern bis Deadhorse gibt es keine Tankstelle. Der Streckenabschnitt durch die kahlen, schneebedeckten Berge der Brookes Range mit der Überquerung des Atigun Passes (1400 m) gehört mit zum Eindrucks-

Polarkreis

Der Polarkreis ist der südlichste Punkt, an dem die Sonne an den Tagen der Sommersonnenwende (21.6.) gerade nicht mehr untergeht bzw. zur Wintersonnenwende (21.12.) nicht mehr aufgeht. Die Gebiete nördlich des Polarkreises werden bereits der Arktis zugerechnet.

vollsten, was der Dalton Highway zu bieten hat. Nach dem kurvenreichen Auf- und Abstieg sind die folgenden Kilometer durch die flache Tundra wenig ereignisreich. Immerhin ist noch einmal ein kurzes Stück asphaltiert, bevor man mit Deadhorse ein wenig ansehnliches Containerdorf erreicht. Die letzten zehn Kilometer bis zum Arktischen Ozean darf man nicht mit seinem eigenen Fahrzeug fahren, sondern muss auf eine der angebotenen Touren zurückgreifen. Überall sieht man die Aktivitäten der Ölfirmen, riesige Maschinen und Fahrzeuge, doch aufgrund massiver Sicherheitsmaßnahmen geht es bei den Ölfeld-Ausflügen (oil field tour) hauptsächlich darum, dass man einmal seine Zehen in das Eismeer stecken darf und weniger um die Besichtigung der Ölfelder (Ausflug: 38 USD/30 EUR pro Person).

AK4: Fairbanks – Anchorage, 580 km

George Parks Highway, Glenn Highway
Anschlussroute für AK2 und AK3; Asphaltstraße;
Versorgung; Tankstellen

Die wichtigste Sehenswürdigkeit dieser Route ist der Denali National Park. Vor allem dann, wenn man den Mount McKinley sieht, mit 6194 m der höchste Berg Nordamerikas, lohnt sich ein Besuch. Leider hängen sich Wolken häufig am Berg fest und verwehren den großartigen Anblick. Im Visitor Center des Nationalparks gibt es die Zeitung „Denali Summer Times", in der unter anderem 10 Plätze aufgezählt werden, von denen aus man den Berg doch noch zu Gesicht bekommen kann, wenn man seine Chance im Park verpasst hat. In den Park darf man nur die ersten 24 Kilometer mit dem eigenen Fahrzeug bzw. weitere 22 Kilometer auf einen Campingplatz. Ansonsten ist man auf organisierte Touren angewiesen.

Auf der Weiterfahrt kommt man durch den Denali State Park und hier gibt es zwei Aussichtspunkte, wo man bei schönem Wetter den Mount McKinley sehen könnte. Entlang der gesamten Strecke wird man immer wieder mal die Eisenbahn der Alaska Railroad zu Gesicht bekommen. Vor allem die auffällig blau-gelben Waggons sind ein schönes Fotomotiv vor schneebedeckten Bergen.

Mit Anchorage erreicht man die größte Stadt Alaskas. Das Schönste an ihr ist die Lage am Cook Inlet, umgeben von Bergen. Es gibt nur wenige Attraktionen, eine davon ist der Wasserflughafen am Lake Hood. Er soll der größte der Welt sein – versprechen die Infobroschüren. Bei einer Fahrt um den See sieht man tatsächlich unzählige Wasserflugzeuge und kann bei Interesse einen Flug buchen. Ansonsten bietet Anchorage gute Einkaufsmöglichkeiten, vor allem, weil hier keine Steuer fällig wird.

➲ Anschlussrouten AK5, AK7 und AK8.

Einkaufen in Anchorage

Weil in Anchorage beim Einkaufen keine Steuer („tax") fällig wird, lohnt sich hier manche Anschaffung besonders:

- ***Accupoint*** *– Spezialist für Navigationsgeräte. 7125 Old Seward Highway, Suite 100, www.accupoint.com*
- ***Sportsmans Warehouse*** *– Eine Ladenkette in den USA für jede Art von Freizeitaktivität. Etwas ungewöhnlich sind die vielen ausgestopften Tiere, die großzügig verteilt Wände und Regale schmücken. Auf der Rückseite der hauseigenen Zeitung sind alle Niederlassungen aufgelistet. 8681 Old Seward Highway, www.sportsmanswarehouse.com*
- ***Sports Authority*** *– Eine Ladenkette in den USA für Sport- und Outdoorkleidung. 8931 Old Seward Highway, www.sportsauthority.com*
- ***TDS-Tire Distribution Systems*** *– Eine Reifenfirma mit Niederlassungen in 10 US-Bundesstaaten. 1150 E International Airport Rd., www.tdstires.net*

033pa Abb.: sk

▲ *Während der Lachswanderung bevölkern Fischer die Ufer der Flüsse*

AK5: Anchorage – Seward, 205 km

Seward Highway
Anschlussroute für AK4 und AK8; Asphaltstraße; Versorgung; Tankstellen

Gerade die Strecke entlang der Meerenge Turnagain Arm ist stark befahren und der Verkehr steigert sich noch am Wochenende, wenn die Einwohner von Anchorage aus der Stadt heraus- bzw. wieder zurückfahren. Beeindruckend sind die Gezeiten in der Meerenge. Bei Niedrigwasser bleiben vom Meer nur riesige verschlammte Flächen zurück; die Flut dagegen steigt so hoch an, dass sie sogar Bäche zurückdrängt und zum Beispiel am kleinen Bach Bird Creek kein Ufer mehr zu sehen ist. In den Bird Creek ziehen im Sommer die Lachse zum Laichen hoch und vor allem an den Wochenenden stehen dann unzählige Angler im Wasser.

> **Abblendlicht einschalten**
> *Auf der Kenai-Halbinsel muss mit eingeschaltetem Abblendlicht gefahren werden, worauf zahlreiche Schilder immer wieder hinweisen: „Drive with headlights on.“*

Südlich der Meerenge erreicht man die Kenai-Halbinsel. Der Seward Highway führt durch die Berge der Chugach Mountains und es gibt immer wieder Rastplätze zum Anhalten. Noch bevor man nach Seward hineinfährt, zweigt die beschilderte Straße zum Exit Gletscher ab. Entlang des Flusses geht es auf der Exit Glacier Road und von zwei Parkplätzen hat man einen hervorragenden Blick auf den blau schimmernden Gletscher. Die einfache Wanderung vom Besucherzentrum bis direkt zum Gletscher sollte man unbedingt machen. In Seward selbst dreht sich alles ums Angeln von Heilbutt. Am Spätnachmittag kommen die Boote der organisierten Touren zurück und dann beleben sich der kleine Hafen und der Holzsteg. Der Fang des Tages wird in Schubkarren heraufgebracht, aufgehängt, gewogen, fotografiert und anschließend zerlegt. Dieses Schauspiel lockt auch all diejenigen an, die nicht angeln. Im kleinen Visitor Center am Ortsrand sind ein ausgestopfter Braunbär und ein Weißkopfadler zu sehen, so nahe wird man den Tieren in freier Wildbahn nicht kommen.

AK6: Portage Lake Valley, 10 km

Portage Glacier Road
Abzweig von AK5, Asphaltstraße

Vom Seward Highway zweigt ca. 70 Kilometer südlich von Anchorage die beschilderte Straße zum Portage Lake ab. Bei schönem Wetter sollte man die kurze Fahrt bis zum See machen. Auf dem Weg gibt es an einem kleinen Bach eine Plattform zur

Lachsbeobachtung. Zwischen den hohen Bergen sieht man Gletscherzungen und auf dem See schwimmen manchmal kleine Eisberge. Es gibt mehrere Stellen am Portage Lake, die man anfahren kann. Ein sehr schöner Aussichtspunkt befindet sich hinter dem kostenlosen Tunnel. Auch vom Parkplatz des Besucherzentrums kommt man direkt an den See oder man macht gleich einen Bootsausflug auf dem Portage Lake. Interessant ist auch die kurze Wanderung zum Byron Gletscher. Auf alle Fälle sollte man sich im Visitor Center das Faltblatt auf Deutsch „Willkommen im Portage Tal" besorgen.

034pa Abb.: sk

▲ *Mini-Eisberg im Portage Lake*

AK7: Anchorage – Homer, 375 km

Seward Highway und Sterling Highway
Anschlussroute für AK4 und AK8; Asphaltstraße; Versorgung; Tankstellen

Die Strecke nach Homer verläuft wie die Route AK5 auf dem Seward Highway in südlicher Richtung aus Anchorage heraus und zweigt dann 145 Kilometer südlich davon an der Kreuzung Tern Lake beschildert ab. Man fährt am grün schillernden Kenai Lake vorbei und folgt dann dem Kenai River zum Zusammenfluss mit dem Russian River. In beiden Flüssen, die als wahre Anglerparadiese gelten, wandern die Lachse zum Laichen stromaufwärts. Hier dreht sich zur Saison alles nur ums Fi-

▼ *Camping und Angeln auf der Landzunge Homer Spit*

035pa Abb.: sk

Reiserouten

schen und besonders an den Wochenenden sind die Campingplätze meist ausgebucht. Eine Alternative wären die Campingplätze entlang der ↗Skilak Lake Road.

Auch in Soldotna sieht man beim Überqueren des Kenai Rivers Angler. Ein Stopp in der Stadt lohnt sich nur zur Versorgung. Von hier zweigt der Kenai Spur Highway ab und führt zur Nachbarstadt Kenai, wo man sich die russisch-orthodoxe Kirche ansehen könnte. Wenn man diesem Highway noch ein Stück weiter nach Norden folgt, gibt es die Möglichkeit, von einem Strand aus die Ölplattformen im Cook Inlet zu sehen (Abzweig bei MP 23, E Forelands Beach, ca. 1,5 Kilometer gute Schotterpiste).

Die gesamte Route nach Homer ist wenig aufregend und erst ab dem Ort Clam Gulch, wenn man gelegentlich die Vulkane auf der gegenüberliegenden Seite des Cook Inlet sieht, kommt etwas Abwechslung auf. Bereits ab Soldotna sieht man links und rechts der Straße abgesteckte Flächen, die auf eine Neubebauung in der Zukunft schließen lassen. Die erste Reihe mit Blick aufs Meer ist jedoch meist schon verbaut. Die russische Kirche in Ninilchik hat einen solchen Platz bekommen und ist einen Abstecher wert, vor allem, weil man auf dem Weg dahin direkt auf den Vulkan Redoubt zufährt. Ansonsten gibt es nur wenige Zufahrten ans Wasser und deshalb sollte man in Anchor Point einen Abstecher machen. Allein schon um sagen zu können, dass man damit am westlichsten, per Straße erreichbaren Punkt Nordamerikas war. Kurz vor Homer gibt es einen Aussichtspunkt auf

Skilak Lake Road

Die Schotterpiste zweigt bei MP 58 vom Sterling Highway ab und trifft ihn wieder bei MP 75. Auf dieser 30 Kilometer langen Alternativstrecke sind mehrere Campingplätze an schön gelegenen Seen eingerichtet. Die Zufahrten sind beschildert. Neben den oben angeführten kostenlosen Plätzen gibt es noch die beiden größeren Campingplätze Upper Skilak Lake und Hidden Lake, wo 10 USD (7,90 EUR) Gebühr verlangt werden. „Dumpstations“ gibt es im Hidden Lake Camping und direkt an der Skilak Lake Road.

die ins Meer hineinragende Landzuge Homer Spit sowie schneebedeckte Berge, Gletscher und Vulkane. Der Ort Homer selbst bietet außer seiner tollen Lage und dem schön gestalteten Besucherzentrum nichts. Schwerpunkt ist der Homer Spit und auch hier dreht sich alles ums Angeln. Bei schönem Wetter kann man vom Wasserflugplatz beeindruckende Rundflüge über die nahen Berge und Gletscher machen.

AK8: Anchorage – Glennallen – Tok – Grenze, 675 km

Glenn Highway, Tok Cut-Off, Alaska Highway
Anschlussroute für AK4, AK5 und AK7; Asphaltstraße; Versorgung; Tankstellen

Die Streckenführung der Straße ab Palmer oberhalb des Waldes bietet fantastische Aussichten auf die Chugach Mountains. Ein Höhepunkt ist dabei sicher der Anblick des Matanuska Gletschers. Die Auf- bzw. Abfahrt auf den Eureka Pass geht sehr gemächlich und man merkt gar nicht, dass man auf 1013 m Höhe hinauffährt. Zwischen Eureka und Glennallen ist ➚Karibu-Gebiet und während der Jagdsaison im Spätsommer bevölkern die Jäger auf ihren ➚ATVs die Landschaft. Hinter Glennallen fährt man zwar oft durch Wald, aber man sieht immer wieder die Wrangell-St. Elias Mountais. Auch viele kleine Seen sind in der Landschaft verstreut, aber mit dem Fahrzeug nicht erreichbar. In Tok lohnt es sich, noch einmal vollzutanken, denn die Spritpreise in Kanada sind höher als in Alaska.

Der US-amerikanische Grenzposten befindet sich direkt an der Grenze, doch bei der Ausreise aus Alaska ist nichts veranlasst. Man sollte trotzdem

langsam am Grenzgebäude vorbeifahren, um jederzeit stoppen zu können.
➲ Anschlussroute KA6.

Karibu
Karibus gehören zur Familie der Hirsche. Sie sind die nordamerikanischen Verwandten der europäischen Rentiere und die einzige Hirschart, bei der männliche und weibliche Tiere ein Geweih tragen. Karibus sind Herdentiere, die jedes Jahr Hunderte von Kilometern wandern, wenn sie zwischen Sommer- und Winterquartier wechseln.

ATV – All Terrain Vehicle
Ursprünglich waren ATVs als kleine Nutzfahrzeuge für die Land- und Forstwirtschaft gedacht. Aufgrund ihrer Geländegängigkeit sind sie in den USA und Kanada sehr beliebte Fahrzeuge für jeden Einsatz und überall zu sehen. Sie werden auch als „Quad" („Vierer") bezeichnet.

AK9: Glennallen – Valdez, 190 km

Richardson Highway
Abzweig von AK8; Asphaltstraße; Versorgung; Tankstellen

Obwohl die Alaska-Pipeline entlang der gesamten Strecke verläuft, ist sie nur an wenigen Stellen zu sehen. Dafür hat man schöne Ausblicke auf Seen und die Wrangell-St. Elias Mountains. Eine besondere Attraktion ist der Worthington Gletscher, der bereits von Weitem sichtbar ist und zu dem man auf einem beschilderten Weg wandern kann. Auch vom Thompson Pass (815 m) hat man eine herrliche Aussicht auf die Berge und Wälder, wenn es nicht gerade regnet oder Nebel über der Landschaft hängt. Leider ist diese Gegend jedoch für ihr schlechtes Wetter berühmt. Vom Pass geht es kurvenreich bergab bis nach Valdez. Bevor man in den Ort fährt, sollte man die Dayville Road (beschildert) entlangfahren zum Endpunkt der Trans-Alaska-Pipeline. Dabei überquert man den kleinen Bach Solomon Gulch und während der Zeit der Lachswanderung brodelt hier das Meer regelrecht von Fischen. Entsprechend stehen viele Fischer am Ufer und bevölkern während der Angelsaison den Campingplatz am Ende der Bucht.

Kanada

Bei den Sehenswürdigkeiten im Westen Kanadas steht das Naturerlebnis an erster Stelle. Man sollte sich bereits im Voraus darüber im Klaren sein, dass man tage- und wochenlang in Wäldern unterwegs sein und dabei hauptsächlich Bäume, Berge, Flüsse und Seen zu sehen bekommen wird. Auf der anderen Seite sind gerade das die Dinge, die man in Mitteleuropa in diesen Ausmaßen nicht mehr findet. Auch das Fahren auf Schotterpisten sollte eher als Abwechslung und interessantes Erlebnis aufgefasst werden, denn als lästiges Übel.

Übernachtungsstellen

- **Campbell River:** Parkplatz Discovery Harbour Marina, N 50°01.922′, W 125°14.645′
- **Campbell River bis Port McNeill:** Rest Areas
- **Courtenay:** Wal-Mart
- **Courtenay bis Campbell River:** Island Highway, Rest Areas (8 Std. Limit)
- **Hope:** Jones Lake, Zufahrt ist Schotterpiste, N 49°15.160′, W 121°36.583′

- **Joffre Lakes Provincial Park:** Parkplatz N 50°22.183′, W 122°29.969′
- **Kluane Lake:** ca. 1 km nördlich des Congdon Creek Campingplatzes findet man freie Stellplätze am See, N 61°09.811′, W 138°34.078′
- **Lac La Hache:** Greeny Lake, 12 km Richtung Mt. Timothy Ski Area, N 51°51.200′, W 121°20.869′
- **Langley:** Wal-Mart
- **Lillooet:** Seton Lake BC Hydro Camping, N 50°40.065′, W 121°58.621′
- **Mackenzie:** Municipal Campground am Ortsanfang (Wenn man keinen Strom- und Wasseranschluss nutzt, darf man drei Tage lang kostenlos übernachten.)
- **Nanaimo:** Rutherford Mall; Wal-Mart
- **Nimpkish Lake:** Südufer, N 50°20.060′, W 126°55.332′
- **Port Hardy:** Parkplatz Market Street, N 50°43.533′, W 127°29.516′
- **Port McNeill bis Port Hardy:** Rest Areas (8 Std. Limit)
- **Port McNeill:** Ortsende Broughton Boulevard (Richtung Westen), N 50°35.317′, W 127°05.666′
- **Quesnel:** Wal-Mart; Westpark Mall
- **Smithers:** Smithers Mall
- **Trans-Canada Highway, BC:** Rest Area (mit *dumpstation*) zwischen Ausfahrt 73 und 83 (Abbottsford in Richtung Vancouver)
- **Trial:** Pend d'Oreille Reservoir BC Hydro Campingplatz, N 49°02.415′, W 117°29.432′
- **Victoria:** Wal-Mart in Langford (TCH Nord, Ausfahrt 14 Richtung Sooke)
- **Williams Lake:** River Valley Trailhead Parkplatz, Mackenzie Avenue, N 52°08.078′, W 122°09.057′
- **Whistler:** Parkplatz Nr. 4, 72 Std. Parken erlaubt, N 50°07.156′, W 122°5.162′

KA1: Halifax – Calgary, ca. 5500 km

Trans-Canada Highway
Asphaltstraße; Versorgung; Tankstellen

Die Anzahl der Kilometer zwischen Ost- und Westkanada erscheint im ersten Moment für europäische Vorstellungen ziemlich hoch. Man sollte sich davon jedoch nicht erschrecken lassen, sondern das Positive daran sehen, egal, in welcher Richtung man unterwegs ist.

Beim Reisestart vermittelt die lange Anreise einen guten Eindruck von den Entfernungen, die einen in Nordamerika erwarten. Man kann sich schon mal mit langen Fahrten vertraut machen, sich an Straßenverhältnisse, Beschilderung, die neue Umgebung und einen anderen Fahrstil gewöhnen. Beim Reiseende kann man sich langsam auf die Heimkehr einstellen und hat an den Fahrtagen Gelegenheit, noch einmal die erlebte Reise Revue passieren zu lassen.

▼ Der Leuchtturm in Peggy's Cove ist der am meisten fotografierte in Nova Scotia

036pa Abb.: sk

Die Fahrt an sich ist abwechslungsreich, denn man durchquert die unterschiedlichsten Landschaften. Außerdem gibt es einige Möglichkeiten für kurze Unterbrechungen, auch abseits des Trans-Canada Highways. Die nachfolgende Nennung einiger Attraktionen ist eine begrenzte, willkürliche Auswahl. Je nach Zeit und Interesse kann man die Auflistung für sich erweitern oder kürzen.

Der Leuchtturm in Peggy's Cove ist wohl die am meisten fotografierte Sehenswürdigkeit Nova Scotias und entsprechend voll wird es dort tagsüber. Nur einen Kilometer entfernt befindet sich das Denkmal für die 229 abgestürzten Menschen des Swissair Fluges 111 vom 02.09.1998.

Der Fundy National Park liegt bereits in der Provinz New Brunswick. Der Gezeitenhub in der Bay of Fundy ist einer der höchsten in der Welt.

Mit der Provinz Québec erreicht man den französischsprachigen Teil Kanadas. Den Unterschied hört und sieht man sofort. Die Beschilderung erfolgt fast nur in Französisch und eine Verständigung auf Englisch ist oft nur mit Mühe möglich. Bei einem Besuch der Stadt Québec fühlt man sich dann auch direkt nach Frankreich versetzt. Enge Gassen, kleine Straßencafés, die Zitadelle und das schlossähnliche Luxushotel Frontenac verstärken diesen Eindruck noch.

Montréal ist eine Mischung aus Modern und Alt. Im krassen Gegensatz zur historischen Altstadt mit Kopfsteinpflasterstraßen und der katholischen Basilika Notre-Dame-de-Montréal stehen das futuristische Olympiastadion samt schiefem Turm und die Wolkenkratzer im Stadtzentrum. Besonders der Parc Mont-Royal bietet beeindruckende Aussichten auf die Stadt.

Toronto ist die größte Stadt Kanadas und liegt in einer der am dichtesten bevölkerten Regionen Kanadas. Trotz historischer Gebäude sind es die auffälligen Wolkenkratzer, die das Stadtbild bestimmen. Vom 553 m hohen CN Tower sieht man nicht nur auf die Stadt und den Ontariosee, sondern an klaren Tagen sogar die etwa 100 km entfernten Niagarafälle. Der Niagara River stürzt sich hier in die Tiefe und bedingt durch eine Insel im Fluss entstehen zwei Wasserfälle. Die kanadischen Horseshoe Falls (Hufeisenfälle) sind dabei etwa 790 m breit, die US-amerikanischen American Falls ca. 330 m.

In Ontario gibt es mehrere Straßen mit der Bezeichnung Trans-Canada Highway. Alle Routen führen durch den Kanadischen Schild, ein Gebiet, das durch Hügel und zahllose Seen gekennzeichnet ist. Der Highway ist, bis auf wenige Ausnahmen, nur zweispurig ausgebaut.

Mit Manitoba erreicht man die erste der drei sogenannten Prärieprovinzen. Ab hier trägt der Trans-Canada Highway die Nr. 1 und ist fast durchgehend vierspurig ausgebaut bis Calgary. Baustellen gibt es noch an den Streckenabschnitten, die auf vier Spuren erweitert werden. Auch die nächsten Provinzen, Saskatchewan und Alberta, sind Prärieprovinzen. Wie in Manitoba ist die Umgebung hauptsächlich von landwirtschaftlichen Nutzflächen geprägt.

Bei der Fahrt in Richtung Westen gewinnt man ständig an Höhe, aber das geschieht so gemächlich, dass man es nur am Höhenmesser verfolgen kann. Während Winnipeg noch auf 240 m liegt, ist man in Regina bereits auf 580 m. Die Stadt Medicine Hat liegt bereits auf 700 m und Calgary auf 1050 m.

Stampede-Parade

Genaue Daten und Informationen zum Ablauf findet man auf der englischsprachigen Seite http://parade.calgarystampede.com. Die Daten für die folgenden Jahre stehen unter F.A.Q.

Hinter Calgary liegen bereits die Rocky Mountains, die man besonders gut vom 191 m hohen Calgary Tower sehen kann. Die Stadt ist vor allem durch die ↗Stampede bekannt, eine zehntägige Rodeoveranstaltung samt Landwirtschaftsausstellung, die jedes Jahr Anfang Juli stattfindet. Auftakt zur Stampede ist eine bunte Parade in der Innenstadt.

➲ Anschlussroute KA2.

KA2: Calgary – Banff – Jasper – Prince George, 790 km

Trans-Canada Highway, Icefields Parkway, Yellowhead Highway
Anschlussroute für KA1; Asphaltstraße; Versorgung; Tankstellen

Von Calgary sind es auf einer vierspurigen Straße knapp 130 Kilometer bis nach Banff, dem Zentrum des gleichnamigen Nationalparks. Ein Spaziergang auf der Banff Avenue, der Hauptstraße der Stadt, führt nicht nur zu Souvenirläden, sondern auch in das Information Centre des Nationalparks, wo man sich mit Informationsmaterial versorgen kann.

Die vier Nationalparks in den Rocky Mountains – Banff, Kootenay, Yoho und Jasper – sind ein Paradies für Wanderer und Bergsteiger. Allerdings muss man sich für die Hauptreisemonate im Sommer schon abgelegene Wanderungen aussuchen, um den Menschenmassen zu entfliehen. Die Fahrt auf dem Icefields Parkway von Banff nach Jasper geht mitten durch die Berge, man sieht türkisfarbene Seen und schneebedeckte Berge und fährt mehrmals auf über 2000 m hoch. Die Abstecher zu Seen und Wasserfällen sind zahlreich und man kann hier

037pa Abb.: sk

▲ *Fahrt auf dem Icefields Parkway*

etliche Tage verbringen. Besonders die Seen Lake Louise und Moraine Lake sind sehr beliebt. Keinesfalls verpassen sollte man einen Halt am Icefield Centre. Von hier kann man entweder zu Fuß den Athabasca Gletscher erreichen oder einen Ausflug mit einem der monströsen Gletscherbusse direkt auf die Gletscherzunge machen. Ob er seinen Preis wert ist (2008: 38 CAD/23,90 EUR pro Person), sollte jeder selbst entscheiden. Bei Jasper erreicht man den Yellowhead Highway. Auf ihm verlässt man die Nationalparks und mit etwas Glück und gutem Wetter sieht man dabei noch den Mount Robson (3954 m), den höchsten Berg in den kanadischen Rocky Mountains. Der gut ausgebaute ↗Yellowhead Highway ist ein ständiges Auf und Ab durch bewaldete Berge bis nach Prince George. Die Stadt in der Provinz British Co-

Yellowhead Highway

Er beginnt in Winnipeg/Manitoba und verläuft auf dem Festland über knapp 2700 Kilometer bis nach Prince Rupert/British Columbia. Außerdem wird noch ein 100 Kilometer langer Abschnitt auf Graham Island dazugezählt.

Reiserouten

lumbia ist ein wichtiger Knotenpunkt für Routen in den Norden, bietet aber ansonsten nichts außer guten Versorgungsmöglichkeiten.

➲ Anschlussrouten KA3, KA4 und KA10.

KA3: Prince George – Dawson Creek – Watson Lake, 1425 km

John Hart Highway, Alaska Highway
Anschlussroute für KA2; Asphaltstraße; Versorgung; Tankstellen

Die 400 Kilometer lange Fahrt auf dem John Hart Highway bis Dawson Creek ist geprägt von riesigen Waldgebieten. Ein Abstecher in das 25 Kilometer vom Highway entfernte Mackenzie lohnt sich nur, wenn man dort übernachtet oder sich für die weltgrößte Rodungsmaschine *(world's largest tree crusher)* interessiert, die inzwischen ausgedient im Zentrum steht. Im Ort Chetwynd macht man Werbung für die aufgestellten Kettensägeskulpturen und mittels Lageplan vom Visitor Centre verpasst man keine der Holzfiguren. In Dawson Creek beginnt der legendäre ↗Alaska Highway. Gleich zwei Punkte markieren diese berühmte Straße. Mitten in der Kreuzung 102nd Ave./10th St. steht der Mile Zero Post (Meile 0 Posten), der ausdrückt, dass in der Stadt der Highway seinen Anfang nimmt. Zusätzlich weist ein unübersehbares Schild mit Pfeil am Kreisverkehr auf diese Tatsache hin: *You Are Now Entering the World Famous Alaska Highway* (Sie befahren nun den weltberühmten Alaska Highway). Über die Entstehung und den Bau informiert eine Ausstellung samt Film im Alaska Highway House, das neben dem Mile Zero Post ist. Etwa 28 Kilometer hinter Dawson Creek gibt es einen lohnenswerten Abstecher (7 Kilometer Schotterpiste) zur einzigen Original-Holzbrücke des Alaska Highways über den Kiskatinaw River. Fort St. John ist noch eine größere Stadt, danach gibt es nur kleinere Orte und Tankstellen, an denen man sich versorgen kann. In Fort Nelson sieht man im Heritage Museum alte Fahrzeuge und Überbleibsel aus der Zeit, als der Alaska Highway gebaut wurde. Die weitere Strecke bietet oft großartige Ausblicke auf schneebedeckte Berge, Wälder bis zum Horizont und immer wieder Flüsse, die die Straße begleiten. Den Schildern, die auf Büffel hinweisen, sollte man Beachtung schenken, denn manchmal sieht man die Tiere am Straßenrand weiden. Ein im wahrsten Sinne des Wortes heißer Tipp sind die Liard Hot Springs, die sich gleich hinter der Brücke über den Liard River befinden. Sie sind ausgeschildert. Mitten im Wald liegen zwei naturbelassene Thermalbecken mit heißem Wasser. Im Preis für den Campingplatz ist die Benutzung beider Pools eingeschlossen. Mit dem Ort Watson Lake erreicht man endgültig den Yukon, nachdem die Straße vorher mehrmals die Grenze zwischen British Columbia und dem Yukon

▼ *Bisons grasen neben dem Alaska Highway*

038pa Abb.: sk

Abblendlicht
Im Yukon ist es Gesetz, dass man auch tagsüber mit Abblendlicht fahren muss.

gekreuzt hat. Watson Lake verdankt seine Berühmtheit dem Sign Post Forest, einem Schilderwald, der im Jahr 1942 durch den US-Soldaten Carl K. Lindley seinen Anfang nahm. Er stellte das erste Schild seiner Heimatstadt auf und inzwischen sollen es schon über 60.000 Stück sein.

➲ Anschlussroute KA5.

Alaska Highway

Der Alaska Highway wurde während des Zweiten Weltkriegs gebaut. Aufgrund der japanischen Angriffe auf Pearl Harbour im Jahr 1941 wurde man sich einmal mehr der isolierten Lage Alaskas bewusst. Unter extremen Bedingungen und in der Rekordzeit von nur sechs Monaten stellten Zehntausende Zivilisten und Militärpersonal von März bis September 1942 eine Trasse für eine Landverbindung von Kanada nach Alaska fertig.

Nach dem Ende des Zweiten Weltkriegs und im Laufe der folgenden Jahrzehnte wurde die ursprüngliche Militärstraße ALCAN (Alaska-Canadian Highway) ausgebaut, teilweise neu verlegt und ständig verbessert.

Heute ist der Alaska Highway komplett asphaltiert. Nur an den ständigen Baustellen muss man mit Schotterabschnitten rechnen.

KA4: Prince George – Stewart – Hyder (Alaska) – Watson Lake, 1355 km

Yellowhead Highway, Stewart Highway, Cassiar Highway
Anschlussroute für KA2; Asphaltstraße; Versorgung; Tankstellen

Die 480 Kilometer auf dem Yellowhead Highway bis zum Abzweig auf den Stewart Cassiar Highway sind eine relativ monotone, unspektakuläre Fahrt durch landwirtschaftliches Gebiet. In den Waldgebieten sieht man viele Bäume, die vom ↗*mountain pine beetle* befallen sind. Bei New Hazelton liegt das 'Ksan Historical Village, ein nachgebautes Indianerdorf, in dem man mehr über das Leben der Indianer, die seit Jahrtausenden diese Gegend bevölkern, erfahren kann. Bis zur Kreuzung Meziadian Junction kann man den aufgestellten Schildern entnehmen, wann der dortige Wald aufgeforstet wurde. Von dieser Kreuzung aus kann man einen Abstecher nach Alaska machen. Der Weg dahin ist sehr eindrucksvoll und der auf halbem Weg liegende, blau schimmernde Bear Gletscher selbst bei schlechtem Wetter einen Halt wert. Der Ort Stewart in Kanada dient lediglich der Versorgung, die besser ist als in Hyder/Alaska. Hier wird bei der Einreise in die USA nicht kontrolliert, weil es von hier keine Verbindung zu anderen Orten in den USA gibt. Ab der Grenze hört die Asphaltstraße auf und

▼ *Weißkopfseeadler sind in Nordamerika weitverbreitet*

039pa Abb.: sk

auf einer mehr oder weniger schlechten, mit Schlaglöchern übersäten Piste fährt man weitere sechs Kilometer zum eigentlichen Ziel, dem kleinen Bach ↗Fish Creek. Hierher ziehen im Sommer die Lachse zum Laichen, und das lockt Braunbären, Schwarzbären und Weißkopfseeadler an. Weil sich dieser populäre Bärenbeobachtungsposten in den letzten Jahren herumgesprochen hat, gibt es inzwischen eine abgesperrte Aussichtsplattform sowie Ranger, die aufpassen und Eintritt kassieren.

Bei der Rückfahrt nach Kanada wird die Einreise kontrolliert. Die 570 Kilometer auf dem Cassiar Highway von Meziadian Junction bis zur Kreuzung mit dem Alaska Highway gelten als eine beeindruckende Strecke. Die wenigen Orte bestehen gerade aus einer Handvoll Häusern und neben dem üblichen Wald fährt man entlang unzähliger kleiner und größerer Seen, Bäche und Flüsse. Auch begleiten immer wieder hohe, teilweise schneebedeckte

Eintritt Fish Creek

1 Tag: 5 USD (3,95 EUR)
3 Tage: 10 USD (7,90 EUR)
7 Tage: 20 USD (15,90 EUR)
Mit dem US-amerikanischen Nationalparkpass „America the Beautiful" ist der Eintritt frei.

Mountain Pine Beetle

Der Bergkiefernkäfer ist ein in Nordamerika heimischer Borkenkäfer, der riesige Schäden in den Waldgebieten verursacht. Aufgrund von zu milden Wintern und zu trockenen Sommern hat sich der Käfer in den letzten Jahren dramatisch vermehrt und befällt immer mehr Bäume. Wo es möglich ist, geht man mit Abholzungsmaßnahmen vor. Im Winter würden einige Tage mit Temperaturen von -30 °C und kälter oder ein plötzlicher Temperaturschock auf -40 °C viele Käfer töten. Doch auf diese Temperaturverhältnisse wartet man in British Columbia seit Jahren vergebens.

Berge die Strecke. Freie Übernachtungsplätze zu finden ist kein Problem. Der überwiegende Teil der Straße ist asphaltiert, an den verbleibenden Schotterabschnitten gibt es oft Baustellen. Von der Kreuzung am Alaska Highway sind es 20 Kilometer östlich nach Watson Lake.

➲ Anschlussroute KA5.

KA5: Watson Lake – Whitehorse, 450 km

Alaska Highway
Anschlussroute für KA3 und KA4; Asphaltstraße; Versorgung; Tankstellen

Es geht weiter durch Wald, begleitet von Flüssen und Seen. Man hat viele Haltemöglichkeiten und überquert ein paar interessante Brücken. Ein schöner Aussichtspunkt ist vor Teslin. Von hoch oben sieht man die Nisutlin Bay Bridge, die mit 584 Metern die längste Brücke am Alaska Highway ist. Auch die Teslin River Bridge bei Johnson's Crossing sowie die Yukon River Bridge am Marsh Lake sind es wert, dass man kurz anhält. Whitehorse ist Hauptstadt und gleichzeitig die größte Stadt des Territoriums Yukon. Die Attraktion ist der Raddamp-

◀ *Nisutlin Bay Bridge am Alaska Highway*

fer SS Klondike II am Ufer des Yukon River, auf den man trifft, wenn man die südliche Stadtzufahrt nimmt. Außerdem sollte man hier auf jeden Fall noch einmal seine Vorräte auffüllen, denn weiter nördlich wird alles teurer.

KA6: Whitehorse – Skagway (Alaska) – Haines (Alaska) – Beaver Creek/Grenze, 720 km

South Klondike Highway, Haines Road, Alaska Highway, Fährüberfahrt
Anschlussroute für KA5; Asphaltstraße; Versorgung; Tankstellen

Knapp 20 km südlich von Whitehorse zweigt der South Klondike Highway nach Skagway/Alaska ab. Die Route beginnt mit dem grün schillernden Emerald Lake und führt kurz danach an einem kleinen Gebiet mit Sanddünen, der Carcross Desert (Carcross Wüste) vorbei. Sowohl die Aussicht als auch die weitere Streckenführung durch Berge und eine Landschaft aus Felsbrocken, Moosen sowie unzähligen Tümpeln und Teichen ist einfach grandios. Die beiden Grenzstationen für Kanada und die USA lie-

041pa Abb.: sk

▶ *Die Broadway Street im Stadtzentrum von Skagway/Alaska*

gen 25 km voneinander entfernt. Die kanadische befindet sich bei km-Marker 37, ca. 12 km vor der eigentlichen Grenze am White Pass, die US-amerikanische ist bei MP 7, ca. 11 km nach dem Pass. Beide Grenzübergänge sind im Sommer 24 Stunden geöffnet. Vom White Pass (1003 m), dem höchsten Punkt des Klondike Highway geht es steil hinunter nach Skagway. Der Ort war zur Zeit des Goldrauschs Ausgangspunkt für die Überquerung von White Pass und Chilkoot Pass. Für die Erhaltung der historischen Gebäude wird viel getan und bei einer englischsprachigen *Walking Tour* (Rundgang) mit einem Ranger bekommt man interessante Geschichten zu hören.

Die Überfahrt mit der Fähre nach Haines dauert gerade mal eine Stunde. Im Vergleich zu Skagway wird im Zentrum von Haines nichts Besonderes geboten. Zur Zeit der Lachswanderung lohnt sich eine Fahrt in Richtung Chilkoot Lake State Recreation Site, denn kurz vor diesem Campingplatz kann man eventuell Braunbären beim Lachsfang beobachten.

Die 240 km bis zur Kreuzung Haines Junction am Alaska Highway bieten wieder Natur pur. Etwa 65 km von Haines entfernt befinden sich die beiden Grenzstationen, danach zieht sich die Straße hinauf zum Chilkat Pass (1065 m). Das von Bergen umgebene baumlose Hochplateau ist eine willkommene Abwechslung zum sonst üblichen Wald. Mit Haines Junction erreicht man erneut den Alaska Highway und bald darauf den Kluane Lake, den größten See im Yukon. Lange Zeit fährt man am See entlang mit schönen Ausblicken. Bereits am Ortsende von Beaver Creek befindet sich die kanadische Grenzstation. Sehr kurvenreich und nicht gerade in bestem Zustand sind die restlichen 30 Kilometer bis zur eigentlichen Grenze, wo die US-amerikanische Grenzabfertigung ist.

➲ Anschlussrouten AK1, AK2, AK8.

KA7: Whitehorse – Dawson City, 540 km

Alaska Highway, North Klondike Highway
Anschlussroute für KA5; Asphaltstraße; Versorgung; Tankstellen

▶ *In der Mitternachtssonne wirft man lange Schatten, Dawson City*

042pa Abb.: sk

Auf dem Alaska Highway fährt man knapp 20 Kilometer, danach teilt sich die Straße und man folgt dem Klondike Highway gen Norden. Es gibt nur ein paar kleine Orte und wenige Attraktionen entlang der Strecke. Man fährt wieder durch Waldgebiete, hat Ausblicke auf verschiedene Seen und später auf den Yukon River. Es gibt viele Haltemöglichkeiten, auch bei den Stromschnellen Five Finger Rapids, die zur Zeit des Goldrauschs ein gefährliches Hindernis für die Schiffe waren. Der Ort Dawson City mit seinen nicht asphaltierten Straßen, den hölzernen Bürgersteigen und bunten Häusern vermittelt einen guten Eindruck von der Zeit der Goldsuche. Und nicht zuletzt trägt auch die tägliche Can-Can-Tanzshow im Kasino Diamond Tooth Gertie's Gambling Hall zu dieser Empfindung bei. Auch heute wird in der Umgebung noch viel nach

Gold geschürft. Die Schotterstraße zum stillgelegten Schaufelbagger Gold Dredge #4, den man mit einer geführten englischsprachigen Tour besichtigen kann, führt an noch aktiven Goldcamps vorbei. Man passiert auch den Claim 33, einen Souvenirladen, wo man – gegen Bezahlung – gezeigt bekommt, wie man aus einer Handvoll Dreck mithilfe einer Goldpfanne Gold herauswäscht. Auf der Veranda hängt eine Karte, auf der die heute noch aktiven Minen in der Gegend verzeichnet sind. Welche Spuren die jahrzehntelange Ausbeutung in der Landschaft hinterlassen hat, sieht man gut vom Aussichtspunkt auf dem Berg Midnight Dome, der sich hinter Dawson City erhebt.

043pa Abb.: sk

▲ *Revuegirls aus der Can-Can-Show, Dawson City*

➲ Anschlussrouten KA8 und KA9.

KA8: Dawson City – Inuvik, 780 km

Dempster Highway, Fährüberfahrt
55 km Asphaltstraße; 725 km Schotter; Versorgung in Dawson City, Fort McPherson und Inuvik; Tankstellen in Dawson City, Klondike River Lodge, Eagle Plains, Fort McPherson und Inuvik

▼ *Hier beginnt der Dempster Highway*

044pa Abb.: sk

Der Dempster Highway ist die einzige Straße in Kanada, die den Polarkreis überschreitet. Offizielle Eröffnung der Straße war im August 1979. Bis auf wenige Kilometer am Anfang und kurz vor Inuvik handelt es sich durchgehend um eine Schotterpiste. Das bedeutet aber nicht, dass man dafür ein Allradfahrzeug braucht. Aufgrund seiner touristischen Bedeutung wird der Dempster Highway regelmäßig gewartet und ist durchaus mit Wohnmobilen zu befahren. Man sollte sich aber vorher unbedingt über den Zustand und die Wettervorhersage erkundigen, denn nach tagelangen Regenfällen kann die Fahrt zur Schlammschlacht werden. Auskunft dazu bekommt man im Visitor Centre der Nordwestterritorien in Dawson City.

Nach ca. 75 Kilometern erreicht man mit dem Tombstone Mountain Viewpoint einen ersten Höhepunkt. Der Blick über Berge und Täler ist sagenhaft. Von hier geht es noch ein Stück aufwärts zum höchsten Punkt der Straße, dem North Fork Pass auf 1300 m. Durch Tundravegetation fährt man weiter durch die schier endlos erscheinende Landschaft. Die rötlich-braune Farbe einiger kleiner Bäche wird durch hohe Eisenoxid-Konzentration verursacht. Außerdem riecht es ca. bei km 170 durchdringend nach Schwefel. Dieser Geruch kommt von verschiedenen warmen Quellen in der Umgebung, die Schwefelwasserstoffe freisetzen. Der Rastplatz Ogilvie Ridge Viewpoint bietet wieder einmal eine gute Möglichkeit zum Halten mit sagenhafter Fernsicht. Mit Eagle Plains erreicht man die erste Ansiedlung seit Beginn des Dempster Highways und hat jetzt die Hälfte der Strecke hinter sich. Der nächste Stopp erfolgt bei km 406, wenn man auf den gut ausgeschilderten Polarkreis trifft. Danach geht es durch die Richardson Mountains und bei km 465 wechselt man vom Yukon in die Nordwestterritorien. Seine Uhr muss man eine Stunde vorstellen, denn ab hier gilt die Mountain Standard Time/Daylight Time. Es folgen zwei Flussüberquerungen per Fähre. Die erste ist die über den Peel River, die zweite etwa 60 Kilometer später ist die über den Mackenzie River. Beide Fähren verkehren von 9–24 Uhr im ständigen Pendelverkehr und sind kostenlos. Vom Mackenzie River sind es noch etwa 130 Kilometer nach Inuvik. Im Western Arctic Regional Visitor Centre kann man sich die Ausstellung über das Leben der Ureinwohner ansehen und eine Urkunde ausstellen lassen, mit der bestätigt wird, dass man den Dempster Highway komplett gefahren ist *(Certificate of the Arctic Circle Chapter, Order of Adventurers)*. Die Igloo-Kirche im Ort ist sehenswert und bei einer Führung sollte man sich unbedingt die eigenwillige Konstruktion anschauen (Öffnungszeiten sind angeschrieben). Von Inuvik aus werden Flüge weiter nach Norden und in die Umgebung angeboten, was bei schönem Wetter ein besonderes Erlebnis ist. Auch wer nicht fliegt, kann am Flugplatz kurz halten, wenn er einen Eisbären aus der Nähe sehen will. In der Halle ist ein ausgestopftes Exemplar zu bewundern.

William John Duncan Dempster (1876–1964)

Beim Bau des Dempster Highway ist man einer Route von Dawson City nach Fort McPherson gefolgt, die früher von Gwitchin-Indianern genutzt wurde. Später wurde sie mit Hundeschlitten befahren. Auch Inspektor Dempster von der Royal Canadian Mounted Police, nach dem der Highway benannt worden ist, hat diese Strecke während der damals üblichen Patrouillen mehrmals zurückgelegt, selbst bei Temperaturen von -40 °C. Er hat dabei den Rekord der kürzesten Fahrzeit mit 14 Tagen aufgestellt. Außerdem hatte er sich einen Namen gemacht, als er sich, trotz eisigster Temperaturen, im Februar und März 1911 auf die Suche nach der vermissten Mannschaft einer überfälligen Patrouille machte. Nachdem er die Männer nur noch tot auffinden konnte, bekam er den Auftrag, die Strecke sicherer zu machen und baute in den kommenden Wintern Notfall-Unterstände und markierte den Weg.

KA9: Dawson City – Little Gold Creek/ Grenze, 115 km

Top of the World Highway, Fährüberfahrt
Anschlussroute für KA7 und KA8; 35 km Asphaltstraße; 80 km Schotter; Versorgung und Tankstellen in Dawson City; Öffnungszeiten der Grenze: 9–21 Uhr (Pazifik-Zeitzone), 15. Mai – 15. September, je nach Witterung auch früher oder später geschlossen bzw. geöffnet

Am Ortsende von Dawson City setzt man mit der kostenlosen Fähre über den Yukon River. Gleich danach steigt die Straße an und man sollte dem Abzweig in Richtung Golfplatz folgen. Nach wenigen Metern befindet sich dort ein toller Aussichtspunkt auf Dawson City sowie den Zusammenfluss von Yukon und Klondike River. Die Straße besteht anfangs noch aus einer Mischung aus Schotter und Asphaltresten, erst nach etwa 80 Kilometern ist sie vollständig asphaltiert bis zur Grenze. Sie verläuft oberhalb der Baumgrenze und ihren Namen Top of the World (Gipfel der Welt) trägt die Straße zu Recht. Soweit man auch schaut, man sieht nichts als Wildnis.

➲ Anschlussroute AK1.

KA10: Prince George – Vancouver, 765 km

Cariboo Highway, Trans-Canada Highway
Anschlussroute für KA2; Asphaltstraße; Versorgung; Tankstellen

▲ *Die Skyline von Vancouver bei Tag*

Bis Quesnel fährt man durch eine hügelige, bewaldete Landschaft ohne Höhepunkte. Die rotbraun verfärbten Nadelbäume, die man in British Columbia häufig sieht, sind vom *mountain pine beetle* (Bergkiefernkäfer, s. S. 96) befallen. Noch vor Erreichen der Stadt zweigt eine knapp 90 Kilometer lange Straße zum Museumsdorf Barkerville ab. Alte Häuser aus dem 19. Jahrhundert wurden restauriert oder wieder aufgebaut und Einheimische in Tracht demonstrieren hier das Leben zur Zeit des Goldrauschs.

Zurück auf dem Cariboo Highway geht es weiter durch Wald und nur die Ausblicke auf den Fraser River bieten etwas Abwechslung. Williams Lake ist eine verschlafen wirkende Stadt, die erst während der bekannten Rodeoveranstaltung Williams Lake Stampede zum Leben erwacht. Die Bezeichnungen von Orten wie 150 Mile House, 100 Mile House, 70 Mile House etc. stammen aus der Zeit des Goldrauschs ab den 1850er-Jahren und gehen auf ihre Entfernung zum Ort Lillooet (Route KA11) zurück. Die Kleinstadt war damals der Anfang der Cariboo Wagen Road. Ab Cache Creek fährt man auf dem Trans-Canada Highway, der begleitet wird vom Thompson River. In Lytton sieht man, wie sich das klare Wasser des Thompson Rivers mit dem braunen Wasser des Fraser Rivers vermischt. Bis Hope folgt die Straße weiter dem Fraser River und der Eisenbahnlinie. Deren Streckenverlauf in der Schlucht durch Tunnel und über Brücken ist beeindruckend, vor allem wenn man einen der Hunderte von Meter langen Gütertransportzüge fahren sieht. Ab Hope hat man zwei Möglichkeiten, um nach Vancouver zu fahren: den autobahnähnlichen Trans-Canada Highway oder die Landstraße auf der anderen Seite des Fraser Rivers. Vancouver ist die größte Stadt British Columbias und mit 21 anderen Gemeinden zum Großraum Metro Vancouver zusammengeschlossen. Im Stadtzentrum dominieren moderne Hochhäuser, Geschäfte und Einkaufspassagen. In Gastown, dem ältesten Stadtviertel, wurden alte Häuser renoviert. Sie beherbergen heute unzählige Souvenirshops. Die zwei Attraktionen des Viertels sind die Statue des Stadtgründers Gassy Jack sowie die *Steam Clock* (Dampfuhr). Angrenzend an die Altstadt befindet sich Chinatown, wo hauptsächlich die Pender Street interessant ist. Die größte Sehenswürdigkeit in der Stadt ist der Stanley Park mit uraltem Baumbestand. Man kann wunderbar spazieren gehen, einen Rundkurs am Wasser entlang mit dem Fahrzeug abfahren und sich Totempfähle ansehen. Auch das Vancouver Aquarium mit Seeottern und Weißwalen ist einen Besuch wert (Eintritt 2008: 19,95 CAD/12,50 EUR pro Person). Ein Abstecher lohnt sich auch nach Nord- und West-Vancouver. Erstens überquert man dabei die beeindruckende Lions Gate Bridge, eine Hängebrücke über den Fjord Burrard Inlet. Zweitens bietet eine Fahrt hinauf in den Cypress Provincial Park (Zufahrt über Highway 1 West) eine sagenhafte Aussicht auf den Großraum Vancouver.

➲ Anschlussrouten KA12, US1, US5 und KA11 (Alternativroute nach Vancouver).

KA11: Lillooet – Vancouver, 350 km

Duffey Lake Road, Sea-to-Sky Highway
Abzweig von KA10; Asphaltstraße; Versorgung; Tankstellen

Eine Alternativroute zum Trans-Canada Highway von Cache Creek nach Vancouver ist der Weg über

Lillooet. Wenige Kilometer vor Cache Creek zweigt der Highway 99 nach Lillooet ab. Davon, dass die Kleinstadt während des Goldrauschs Ende der 1850er-Jahre einmal eine der größten Städte nördlich von San Francisco war, sieht man heute nichts mehr. Einzig die deutsche Bäckerei lässt einen heute hier stoppen.

Wer gerne wandert, sollte unbedingt am Joffre Lakes Provincial Park halten. Es gibt dort drei türkisfarbene Seen, den unteren, mittleren und oberen Joffre Lake, die durch einen steilen, fünf Kilometer langen Wanderweg miteinander verbunden sind. Man quert Bäche auf einfachen Holzplanken und im oberen Teil klettert man über große Felsen. Die Wanderung ist beschwerlich, aber der Anblick des oberen türkisfarbenen Sees mit dem blau schimmernden Gletscher dahinter ist die Anstrengung wert. Die Straße geht kurvenreich weiter zur Bergstadt Whistler, neben Vancouver Austragungsort der Olympischen Winterspiele 2010. Im Zusammenhang mit den Vorbereitungen auf dieses Großereignis wird die Straße ausgebaut, was viele Baustellen zur Folge hat. Ohne diese wäre die Fahrt auf dem Sea-to-Sky Highway ab Squamish entlang der von Fjorden durchzogenen Küste und mit Blick auf den Howe Sound sehr schön.

➲ Anschlussrouten KA12, US1, US5.

KA12: Vancouver – Vancouver Island

Die drei gängigsten Verbindungen von Vancouver nach Vancouver Island sind die folgenden Fähren:

- Tsawwassen – Swartz Bay: 1,5 Stunden Fahrzeit
- Tsawwassen – Nanaimo: 2 Stunden Fahrzeit
- Horseshoe Bay – Nanaimo: 1,5 Stunden Fahrzeit

Am schönsten ist die Strecke Tsawwassen – Swartz Bay, sie führt zwischen kleinen Inseln hindurch.

Die Preise sind für alle drei Strecken gleich (Stand April 2009):

Person: 13,50 CAD (8,20 EUR) (auch der Fahrer ist im Fahrzeugpreis nicht inbegriffen)

Fahrzeug bis 6 m Länge und mehr als 2,15 m Höhe: 72 CAD (43,70 EUR)

Jeder Fuß (ca. 30,48 cm) Länge kostet 3,60 CAD (2,20 EUR) extra.

KA13: Swartz Bay – Victoria, 30 km

Asphaltstraße; Versorgung; Tankstellen; gebührenpflichtige Parkplätze in der Innenstadt: Wharf Street; kostenloses Parken am Wochenende hinter dem Parlament: Superior Street und Menzies Street

▼ *Parlamentsgebäude in Victoria, der Hauptstadt British Columbias*

046pa Abb.: sk

Mile 0 - Auf Vancouver Island fängt der Trans-Canada Highway an

Vom Fährterminal in Swartz Bay folgt man der Beschilderung nach Victoria und die Straße führt direkt in die Innenstadt. Parlamentsgebäude und das Fairmont Empress Hotel erinnern in ihrem Aussehen unwillkürlich an England. Bei einer kostenlosen Führung kann man sich das Parlament auch von innen ansehen. Und mit Beginn der Dämmerung, wenn Tausende von kleinen Lichtern die Umrisse des Gebäudes erleuchten, bietet es einen besonders schönen Anblick. Die Gegend um den Hafen und das Parlamentsgebäude und die Fußgängerzone bis hin nach Chinatown sind die touristischen Höhepunkte und zu Fuß gut zu bewältigen. Nicht verpassen darf man die Totempfähle im Thunderbird Park neben dem Royal BC Museum. Auch sollte man unbedingt einen Spaziergang entlang des Hafenbeckens zur Fishermans Warf an der Erie Street mit den urigen Hausbooten machen. Dabei kann man den Wasserflugzeugen beim Starten und Landen zusehen. Der Beginn des Trans-Canada Highways, der Mile 0-Marker, dagegen liegt auf dem Weg, wenn man entlang der Dallas Road auf dem sogenannten Scenic Marine Drive fährt. Diese Straße führt am Meer entlang mit tollen Ausblicken auf Berge, die bereits in den USA stehen. Zumindest bis zum Aussichtspunkt Clover Point sollte man dieser Route folgen.

048pa Abb.: sk

▲ *So nah sieht man Orcas von einem Ausflugsboot, Vancouver Island*

KA14: Victoria – Port Hardy, 500 km

Island Highway
Anschlussroute für KA13; Asphaltstraße; Versorgung; Tankstellen

▼ *Mit etwas Glück sieht man Schwarzbären direkt neben der Straße*

049pa Abb.: sk

Trotz der offiziellen Mile 0 in Victoria wird die Strecke bis Nanaimo noch dem Trans-Canada Highway zugerechnet. Bis dorthin herrscht noch sehr viel Verkehr. Wenige Kilometer weiter, kurz vor Parksville, teilt sich dann die Straße und man hat die Wahl zwischen der Schnellstraße Highway 19 im Inland und dem alten Island Highway, der zeitweise am Meer entlangführt. Ihn sollte man bevorzugen, auch wenn es dort langsamer vorwärtsgeht. Dafür kommt man bei Qualicum Beach und dann wieder kurz vor Campbell River an schönen Stränden mit Treibholz vorbei. Ab Campbell River gibt es nur noch eine Straße und sie führt anfangs durch Wald, später dann durch abgeholzte Gebiete. Der winzige Ort Telegraph Cove ist bekannt für seine Stelzenhäuser und von hier aus kann man Ausflüge zu Orca-Beobachtungen machen. Weder Port McNeill noch Port Hardy haben Sehenswürdigkeiten, lediglich die kleinen Häfen mit den Fischer- und Segelbooten sind eine nette Abwechslung. Außerdem kann man auf der Straße zwischen den beiden Orten besonders morgens und spätnachmittags Schwarzbären sehen.

Windsurfen am Nimpkish Lake

Der fast 20 km lange See ist aufgrund seiner Windverhältnisse bei Einheimischen sehr beliebt zum Windsurfen und Kiten. Die Zufahrt ist nur von Norden kommend beschildert und leicht zu übersehen. Sie ist ungefähr bei km-Marker 329, N 50°20.300', W 126°55.013'. Der See selbst ist von der Straße aufgrund des Baumbestandes kaum einsehbar.

KA15: Parksville – Ucluelet – Tofino, 180 km

Abzweig von KA14; Asphaltstraße; Versorgung; Tankstellen

Südlich von Parksville zweigt eine Straße ab, die quer durch Vancouver Island bis an das Westufer zum Pacific Rim National Park führt. Man fährt die ganze Zeit durch Waldgebiete und es herrscht ziemlich reger Verkehr. Ein schöner Halt ist der Little Qualicum Falls Provincial Park, wo man einen Spaziergang zu Stromschnellen machen kann. Auf der

050pa Abb.: sk

▲ *Der Hafen von Tofino, Vancouver Island*

Weiterfahrt, besonders entlang von Seen, gibt es kaum Haltemöglichkeiten für ein Foto, obwohl man gerade hier an vielen Stellen einen schönen Ausblick hat. Die Fahrt ist kurvenreich und zieht sich hin. Wo sich die Straße nach Ucluelet und Tofino teilt, befindet sich das Pacific Rim Visitor Centre. Hier versorgt man sich mit Infomaterial über die Gegend und kauft einen Nationalpark-Pass bzw. -Jahrespass, sofern man noch keinen hat. Ucluelet ist ein kleines Dorf, das wenig bietet. Schön ist die Gegend um den Leuchtturm am Ortsende (Coast Guard Road) für Spaziergänge an der Küste. Auf dem Weg nach Tofino durchfährt man den Pacific Rim National Park. Mehrere Parkplätze bieten Zugangsmöglichkeiten zu den langen Sandstränden, wo man Windsurfern zusehen kann. Trotz des rauen Klimas ist diese Sportart hier sehr beliebt. Tofino, am Ende der Straße, hat keine Sehenswürdigkeiten. Wie in Ucluelet auch, werden hier Bootstouren zur Walbeobachtung angeboten.

USA

Der Südwesten der USA mit seinen zahlreichen Nationalparks wird ein Schwerpunkt bei einer Nordamerikareise sein. Hier sind fast alle Sehenswürdigkeiten auf Asphaltstraßen zu erreichen. Wer jedoch etwas mehr Abwechslung möchte und ein robustes Fahrzeug mitbringt, findet auch Gelegenheiten für Abstecher auf Schotterpisten.

Übernachtungsstellen

- **Big Bend National Park/Texas:** freie Campingplätze, Erlaubnis im Visitor Center holen
- **Boulder (Highway 12)/Utah:** ca. 5 km außerhalb, N 37°52.515', W 111°26.917'
- **Canyon Lands National Park/Utah:** Zufahrt zum Gebiet Island in the Sky auf dem Highway 313, freies Campen möglich, z. B. Big Mesa, N 38°38.065', W 109°48.144'
- **Death Valley National Park/Kalifornien:** freies Campen auf Schotterpisten, Informationsblatt „Backcountry Camping" im Visitor Center holen (z. B. Echo Canyon, N 36°26.762', W 116°48.084')
- **Goosenecks State Park (Highway 163)/Utah:** freies Campen, N 37°10.467', W 109°55.631'
- **Grand Canyon National Park/Arizona:** freies Campen im Kaibab National Forest am Südeingang (Abzweigung am Moqui Drive bei MP 237 auf Forststraße Nr. 328, ca. 700 m bis jenseits des Gatters fahren, danach sieht man Plätze, wo bereits jemand geparkt hat.)
- **Grand Staircase-Escalante National Monument/Utah:** Parkplatz Dry Fork, Zufahrt ist 45 km Schotterpiste, N 37°28.591', W 111°13.200'
- **Lake Mead/Nevada:** Government Wash, Zufahrt ist Schotterpiste, N 36°07.332', W 114°50.249'

- **Lone Pine (Highway Nr. 395)/Kalifornien:** City Park, N 36°36.484′, W 118°03.916′
- **Red Canyon:** freies Campen auf Cabin Hollow Road im Dixie National Forest, N 37°44.064′, W 112°16.134′
- **Valley of the Gods/Utah:** freies Campen, Schotterstraßen
- **Zion National Park/Utah:** freies Campen am Virgin River (zwischen Rockville und Springdale), ca. 15 km bis zum Visitor Center, N 37°10.231′, W 113°06.555′

US1: Vancouver – San Francisco, 1550 km

Anschlussroute für KA10 und KA11; Asphaltstraße; Versorgung; Tankstellen

Die schnellste Verbindung für diese Route ist der Interstate Highway I-5. Diese Straße verläuft von der kanadisch-amerikanischen Grenze im Norden bis zur amerikanisch-mexikanischen Grenze im Süden. Sie durchquert die Bundesstaaten Washington, Oregon und Kalifornien und verbindet mehrere Großstädte an der Westküste miteinander. Da

▼ *Die Golden Gate Bridge, das Wahrzeichen von San Francisco*

051pa Abb.: sk

eine tagelange Fahrt auf der Autobahn wenig interessant ist, könnte man als Alternative den Highway 101 direkt an der Pazifikküste entlang mit Blick aufs Meer nehmen oder zwischen beiden hin- und herwechseln, wenn man zwischendurch einen der auf der Route liegenden Nationalparks besuchen will: Crater Lake National Park, Lassen Volcanic National Park oder Redwood National Park mit uralten Riesenbäumen.

San Francisco hat eine lebhafte Vergangenheit. In den 1840er-Jahren war die Stadt Anziehungspunkt für Goldsucher während des kalifornischen Goldrauschs, in den 1960ern ging von hier die Hippie-Bewegung aus. Und heute zieht die Stadt aufgrund ihrer Attraktionen Millionen von Urlaubern an. Ein Wahrzeichen ist die Golden Gate Bridge. Gleich mehrere Aussichtspunkte lassen einen die Brücke aus unterschiedlichen Blickwinkeln erleben, sofern man nicht gerade einen der Tage erwischt, an denen der berüchtigte Nebel darüber hängt. Die kurvenreiche Lombard Street darf man leider nur mit Pkws und nicht mit größeren Fahrzeugen befahren. Ansonsten braucht man in der Stadt kaum ein Fahrzeug. Vieles ist zu Fuß erreichbar, was aufgrund der unzähligen Hügel ziemlich anstrengend werden kann. Doch es gibt ja noch drei Linien der Cable Car und die Fahrt mit den historischen Straßenbahnen ist ein unbedingtes Muss. Genauso wie die Souvenirläden an der Fisherman's Warf und die Seelöwenkolonie am Pier 39. Wer einen Besuch der Insel Alcatraz mit ihrem berüchtigten Gefängnis plant, sollte frühzeitig am Pier 33 bei Alcatraz Cruises eine Tour buchen, da man in der Hauptsaison mit tagelangen Wartezeiten rechnen muss. Man kann sich die Tickets auch im Internet bestellen: www.alcatrazcruises.com.

Auch durch Chinatown, eines der ältesten Chinesenviertel in den USA, geht man besser zu Fuß, da-

Öffentliche Verkehrsmittel

Wer mehrere Tage in der Stadt mit öffentlichen Verkehrsmitteln unterwegs sein wird, für den lohnt sich der Kauf eines „Muni Passports". Im angegebenen Zeitraum darf man beliebig oft mit Bus, Metro, Streetcar und Cable Car fahren. Zum Vergleich: Die einfache Fahrt mit der Cable Car kostet 5 USD/3,95 EUR (Stand 2008).

- *1-Tag-Passport: 11 USD (8,70 EUR)*
- *3-Tage-Passport: 18 USD (14,20 EUR)*
- *7-Tage-Passport: 24 USD (19 EUR)*

mit man die exotischen Auslagen der Schaufenster in Ruhe ansehen kann. Lediglich den Scenic Drive, einen Rundkurs in der Stadt entlang der Sehenswürdigkeiten, fährt man besser mit seinem Fahrzeug. Anders kommt man nicht zu den Hügeln Twin Peaks, die einen perfekten Panoramablick auf die Stadt bieten.

➲ Anschlussrouten US2 und US3.

US2: San Francisco – Los Angeles – Death Valley NP – Las Vegas, 1350 km

Anschlussroute für US1; Asphaltstraße; Versorgung; Tankstellen

Weil der Highway 1 zwischen San Francisco und Los Angeles so berühmt und daher viel befahren ist, folgt im Sommer meist ein Wohnmobil dem anderen. Die Vorteile bei einer Fahrt von Nord nach Süd sind, dass man rechter Hand leichter in den Haltebuchten stoppen kann. Sandstrände, Felsenküste und palmengesäumte Straßen in den Küstenorten vermitteln ein perfektes Urlaubsgefühl. Es gibt mehrere Stellen, an denen man Seehunde oder Seelöwen sehen kann, z. B. Point Lobos State Reserve (Eintritt: 10 USD/7,90 EUR pro Fahrzeug). Noch bevor man in die Metropole Los Angeles fährt, könnte man in Venice Beach halten und die Strandpromenade Ocean Front Walk entlangbummeln. Besonders am Wochenende lohnt es sich, dem bunten Treiben mit Straßenkünstlern, Malern, Souvenirhändlern und Skateboardfahrern zuzusehen. Im hektischen Straßenverkehr von Los Angeles mit seinen Stadtautobahnen ist es sehr hilfreich, wenn man genau weiß, wo man hin muss. Wenigstens erreicht man in Hollywood die Attraktionen wie das Grauman's Chinese Theater mit den Fingerabdrücken von Stars davor ebenso zu Fuß wie den Hollywood Boulevard. Hier sind in den Bürgersteigen links und rechts Sterne mit Namen von Berühmtheiten eingelassen und machen ihn zum Walk of Fame („Ruhmesmeile"). Außerdem sieht man den Hollywood-Schriftzug in den Bergen von hier aus.

Bis man aus der Stadt mit ihren zahlreichen Staus während des Berufsverkehrs wieder draußen ist, dauert es meist eine ganze Weile, egal in welche Richtung man fährt. Der direkte Weg nach Las Vegas führt über den Interstate Highway I-15. Aber vorher wäre ein Abstecher zum ↗Death Valley National Park eine Überlegung wert, damit man sich etwas von der Hektik erholen kann, bevor man mit Las Vegas die nächste Großstadt besichtigt.

Die Hauptrouten im Death Valley sind asphaltiert und so erreicht man leicht den Devils Golf Course mit seinen verformten Salzkrusten oder Badwater, den tiefsten Punkt mit 86 m unter dem Meeresspie-

▼ Der Walk of Fame (Ruhmesmeile) in Hollywood, Los Angeles

052pa Abb.: sk

053pa Abb.: sk

▶ *Lichterglanz in Las Vegas*

gel. Ebenso die farbigen Berge am Artists Drive, den Zabriskie Point oder Dantes View, wo man das Tal überblickt. Nur auf einer Schotterpiste dagegen kommt man zum Racetrack mit den Moving Rocks. Diese „wandernden Steine" sind ein Phänomen. In einer völlig ebenen Fläche liegen Felsbrocken, die eine deutlich sichtbare Spur hinterlassen haben und noch immer ist nicht völlig erforscht, wie die Steine dorthin kommen. Nach der Besichtigung des Parks gibt es mehrere Routen zum Highway 95, der direkt nach Las Vegas hineinführt. Tagsüber ist die Stadt längst nicht so beeindruckend wie mit Beginn der Dämmerung, wenn die Lichter in den Hotels und Kasinos angehen. Vom 300 m hohen Stratosphere Tower lässt sich das besonders gut beobachten. Nicht weit entfernt davon ist die Freemont Street mit dem berühmten Reklamebild des Neon-Cowboys Vegas Vic. Außerdem gibt es dort nach Einbruch der Dunkelheit stündlich eine gigantische Musik- und Videoshow. Die riesigen Kasinos dagegen befinden sich am sogenannten Strip, der eigentlich Las Vegas Boulevard heißt. Es sind nicht nur die Spielbereiche der Kasinos, sondern das

Temperaturunterschiede im Death Valley
Mit dem Death Valley verbindet man Wüste und heiße Tagestemperaturen. Doch bei der westlichen Zufahrt über Panamint Springs überquert man erst einmal die Berge und bei den ehemaligen Holzkohleöfen „Charcoal Kilns" auf 2000 m Höhe standen wir Anfang November im Schnee. Als wir jedoch im Tal ankamen, war es so warm, dass wir im Swimmingpool der Furnace Creek Ranch schwimmen gingen.

Drumherum, mit dem man die Besucher anlocken will. Wasserspiele vor dem Bellagio, eine Gondelfahrt im Venetian, nachgebaute italienische Gassen oder Miniausgaben von Freiheitsstatue, Eiffelturm oder ägyptischen Pyramiden - beim Bummel auf dem Strip mit seinen inszenierten Unterhaltungen kommt man aus dem Staunen nicht heraus. Gedanken über eine Verschwendung von Ressourcen darf man sich dabei aber nicht machen, sonst kann man das Ganze nicht mehr genießen.

➲ Anschlussroute US4.

US3: San Francisco – Yosemite NP – Death Valley NP – Las Vegas, 1100 km

Anschlussroute für US1; Asphaltstraße; Versorgung; Tankstellen

Der Yosemite National Park ist einer der meistbesuchten Parks der USA und im Sommer drängen sich hier Menschen und Fahrzeuge. Attraktive Wasserfälle und eine beeindruckende Gebirgslandschaft mit vielen Wandermöglichkeiten machen ihn so beliebt. Nach Osten verlässt man den Park über den

Tioga Pass auf 3000 m Höhe. Auf der Fahrt bietet sich eine traumhafte Sicht auf die Sierra Nevada. Aufgrund der Höhe wird der Tioga Pass oft erst spät im Mai oder gar erst Anfang Juni geöffnet. Bevor man den Park besucht, sollte man sich deshalb erkundigen, ob der Pass offen ist. Die weitere Strecke führt direkt zum Mono Lake, einem Kratersee, an dessen Ufern bizarr geformte Tuffsteine (Gestein aus vulkanischer Asche) stehen.

Bevor man weiter nach Süden fährt, könnte man die Geisterstadt Bodie nördlich des Sees besichtigen. Von Lee Vining sind es etwa 30 Kilometer zur beschilderten Abfahrt auf die Straße 270 und dort weitere 20 Kilometer, wobei die letzten 5 Kilometer Schotterpiste sind. Bodie hatte seine Blütezeit in den 1870er-Jahren während eines Goldrauschs. Aufgrund der niedrigen Luftfeuchtigkeit vor Ort ist die Stadt mit ihren etwa 170 Gebäuden ungewöhnlich gut erhalten (Eintritt: 3 USD/2,40 EUR pro Person).

Der Highway 395 ist eine gut ausgebaute Straße mit wunderbaren Ausblicken auf schneebedeckte Berge. Südlich von Mammoth Lakes gibt es die Möglichkeit für einen heißen Badespaß in den Hot Creeks (Zufahrt beschildert). In dem kleinen Ort Big Pine zweigt eine Straße zum nördlichen Teil des Death Valley National Park ab und führt zu den Eureka Sand Dunes, einem Dünengebiet mit bis zu 200 m hohen Sanddünen. Bei der Zufahrt sind etwa 45 Kilometer asphaltiert, weitere 40 Kilometer sind Schotterpiste. Bevor man sich auf den Weg macht, sollte man sich im Visitor Center von Big Pine nach dem Straßenzustand erkundigen, denn aufgrund von schlechtem Wetter kann die Straße manchmal gesperrt sein. Ohne diesen Abstecher, den man auf gleichem Weg wieder zurückfahren muss, geht es südwärts bis zum Westeingang des Death Valley National Park und weiter nach Las Vegas.

➲ Anschlussroute US4.

055pa Abb.: sk

▲ *Grand Canyon National Park*

US4: Nationalparks im Colorado-Plateau, ca. 1700 km

Anschlussroute für US2 und US3; Asphaltstraße; Versorgung; Tankstellen

Die Nationalparks im Colorado-Plateau lassen sich relativ gut in einer Runde miteinander verbinden und bei genügend Zeit durch Abstecher ergänzen. Die jeweiligen Aktivitäten sind vielfältig und können oft erst vor Ort ausgewählt werden, da sie abhängig sind von Wetter und individuellen Interessen. Die angegebenen Kilometer sind ein ungefährer Richtwert. In manche Parks fährt man hin- und zurück den gleichen Weg oder es sind Abstecher möglich, die sich noch dazu addieren.

Man verlässt Las Vegas auf dem Interstate Highway I-15 gen Norden und folgt ihm bis zum Abzweig auf den Highway 9, der direkt durch den Zion National Park führt und ihn über den Osteingang wieder verlässt. Charakteristisch für den Park sind mächtige Felsen, zu denen man von der Schlucht aus hinaufschaut oder -wandert. Der Red Canyon gehört zum Dixie National Forest und man durchquert ihn auf dem Weg zum Bryce Canyon National Park. Dort sind es die eigenwilligen Sandsteinformationen, die den Reiz des Parks ausmachen. Man sieht sie entweder von Aussichtspunkten oder spaziert dazwischen herum. Das Grand Staircase-Escalante NM liegt am Highway 12 mit unübersehbarem Visitor Center in Escalante. Hier besorgt man sich eine Genehmigung zum kostenlosen Camping und holt sich Informationen, wenn man in die *slot canyons* (Schlitzschluchten) Peek-A-Boo, Spooky und Dry Fork steigen will. Bei der Anfahrt muss man eine 45 Kilometer lange Schotterpiste bewältigen, aber dafür sind die engen Schluchten wenig besucht. Den Capitol Reef National Park wird man meist nur durchfahren, aber ein kurzer Halt lohnt sich bei den einfach zugänglichen Felszeichnungen direkt am Highway 24. Auch die eigenartigen Felsformationen des kleinen Goblin Valley State Park (Eintritt 7 USD/5,50 EUR) sind bei genügend Zeit einen Abstecher wert. Da man bei der Weiterfahrt

056pa Abb.: sk

▶ *Bryce Canyon National Park*

Delicate Arch im Arches National Park

ohnehin auf dem Interstate Highway I-70 unterwegs ist, könnte man, anstatt direkt den Highway 191 zum Arches National Park zu nehmen, noch 35 Kilometer weiter und dann über den Highway 128 fahren, der wunderschön dem Lauf des Colorado River folgt.

Im Arches National Park sind die unzähligen Steinbögen die Attraktionen des Parks. Im Canyonlands National Park gibt es verschiedene Bereiche, die über unterschiedliche Zufahrten erreichbar sind. Island in the Sky bietet spektakuläre Aussichten, The Needles dagegen bizarre Felsformationen. Auf dem Weg zu The Needles kommt man am Newspaper Rock vorbei, einem Felsen, der mit Petroglyphen (Felsgravuren) übersät ist. Von Monticello aus kann man auf den Highways 191 und 163 direkt gen Süden weiterfahren oder einen Umweg zum Mesa Verde National Park einlegen und in einer Schleife wieder zu diesen Highways zurückkehren (etwa 280 Kilometer zusätzlich). Im Mesa Verde National Park kann man sich über die Besiedlung durch frühere Kulturen informieren und Überreste von alten Felsenwohnungen besichtigen.

Ohne diesen Umweg erreicht man über den Highway 163 eine beschilderte Abzweigung zum Valley of the Gods. Auf einer etwa 25 Kilometer lan-

▲ *Canyonlands National Park*

gen Schotterpiste fährt man einen Rundkurs ab, der durch eine einsame Landschaft mit erodierten Felsformationen führt. Auf dem Rückweg zum Highway 163 liegt der (kostenlose) Goosenecks State Park. Von einem Aussichtspunkt überblickt man den San Juan River, der in einer tiefen Schlucht mehrere Schleifen macht.

Bereits von Weitem sieht man bei der Anfahrt zum Monument Valley die charakteristischen Felsformationen. Näher kommt man diesen bei einer Rundfahrt auf der 28 Kilometer langen Schotterpiste Valley Drive. Zu den wohl bekanntesten *slot canyons* gehört der Antelope Canyon bei Page. Mehrere Schluchten, die unter der Verwaltung von Navajo-Indianern stehen, können mit organisierten Führungen besichtigt werden. Von Page sind es nur wenige Kilometer zum Stausee Lake Powell, wo man sich zwischendurch von den Besichtigungen erholen kann. Der Campingplatz am Lone Rock, direkt an der Grenze zwischen Utah

Abblendlicht in Arizona

In Arizona sieht man manchmal das Schild „Daylight Headlight Section", was nichts anderes bedeutet, als dass man tagsüber mit Abblendlicht fahren muss.

und Arizona, bietet die Möglichkeit zum Campen am Sandstrand. Tagsüber ist der Eintritt zum Gebiet Glen Canyon National Recreation Area mit dem Jahres-Nationalparkpass abgedeckt, lediglich fürs Campen zahlt man gesondert.

059pa Abb.: sk

▲ *Beim Wandern in slot canyons kann es ziemlich eng werden, Grand Staircase-Escalante National Monument*

Ein Abstecher vom Highway 89 zum Nordrand des Grand Canyon National Park wäre möglich und dafür müssten mit Hin- und Rückfahrt etwa 320 Kilometer zusätzlich eingeplant werden. Wer den Nordrand auslässt, fährt von Page direkt auf den Highways 89 und 64 zum Südrand des Grand Canyon National Park: Bilder können die imposante Schlucht nur unzureichend wiedergeben, man muss diesen großartigen Anblick selbst erlebt haben. Sowohl entlang der Abbruchkante als auch direkt in die Schlucht gibt es Wanderwege, denen man je nach Kondition folgen kann.

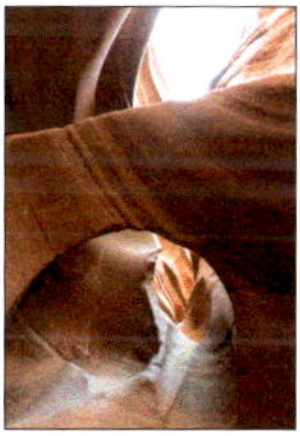

060pa Abb.: sk

▲ *Slot canyon, Grand Staircase-Escalante National Monument*

Wer dagegen eine Wanderung bis hinunter zum Colorado River machen will, muss dafür mindestens eine Übernachtung einplanen. Es ist verboten, den Weg hin und zurück an einem Tag zu gehen. Die Genehmigung *(permit)* für eine solche Wanderung muss man eigentlich schon Monate vorher im Internet beantragen (www.nps.gov/grca→Backcountry Hiking→Backcountry Permit). Doch wer ein paar Tage Zeit zum Warten hat, kann an einer Verlosung teilnehmen. Jeden Morgen werden im Backcountry Office Genehmigungen vergeben, die nicht abgeholt worden sind.

US5: Vancouver – Yellowstone NP, 1500 km

Anschlussroute für KA10 und KA11; Asphaltstraße; Versorgung; Tankstellen

Interstate Highway I-90
Der I-90 ist der längste Interstate Highway in den USA und verbindet Seattle/Washington mit Boston/ Massachusetts. Er führt durch 13 Bundesstaaten und ist knapp 5000 km lang.

Die lange Anfahrt zum Yellowstone National Park lässt sich kaum abwechslungsreich gestalten, da man nur auf großen Interstate Highways unterwegs ist. Zuerst von Vancouver bis Seattle auf dem Interstate Highway I-5 und dann weiter auf dem ↗Interstate Highway I-90. Zumindest in Idaho und Montana geht die Fahrt oft durch Berge und Wälder. Der Yellowstone National Park mit seinen Geysiren, heißen Quellen und Schlammbecken ist einfach beeindruckend. Man kann hier lange Spaziergänge machen und sich verschiedenfarbige Wasserbecken ansehen sowie die regelmäßigen Ausbrüche des berühmten Geysirs Old Faithful. Die Wahrscheinlichkeit auf Büffel zu stoßen ist sehr hoch, denn es leben über 3000 Exemplare im Park. Weil der Yellowstone National Park auf einem Hochplateau zwischen 2000 und 2400 m Höhe liegt, sollte man einen Besuch in die Zeit zwischen Ende Juni und Anfang September legen. Sonst kann es einem passieren, dass manche Straßen wegen Schneefalls nicht passierbar sind.

US6: Anschlussrouten vom Yellowstone NP

Es gibt verschiedene Möglichkeiten für die Weiterfahrt zu den Nationalparks im Colorado-Plateau (Route US4):

- Die Strecke über Billings/Montana und Rapid City/South Dakota macht nur Anfang/Mitte August Sinn. Dann könnte man zwei völlig unterschiedliche Ereignisse miteinander verbinden. Anfang August findet in dem kleinen Ort Sturgis/South Dakota das größte Motorradtreffen der Welt statt. 1938 begannen die Treffen von Harley-Davidson-Motorrad-Liebhabern und heute versammeln sich bis zu 500.000 Besucher. Zehn Tage lang kann man Verrücktheiten und Motorräder erleben. Und ein Abstecher zum Mount Rushmore mit seinen Präsidentenköpfen darf dabei auch nicht fehlen. Den genauen Zeitraum für die jährliche Sturgis Rally findet man im Internet (www.sturgismotorcyclerally.com).

Mitte August findet in Crow Agency/Montana die Crow Fair statt. Vier Tage lang kommen hier Indianer aus Kanada und den USA zu einem ↗*Powwow* zusammen. Es gibt Paraden, Tanzwettbewerbe in traditionellen, farbenprächtigen Kostümen und ein Rodeo. Dieses *Powwow* ist eines der größten in den USA und aufgrund seiner vielen Indianerzelte wird es als Teepee Capital of the World (Welthauptstadt der Zelte) vermarktet.

Die Weiterfahrt nach Süden geht über Denver/Colorado zu den Nationalparks.

- Eine kürzere Strecke ist die südliche Ausfahrt aus dem Park zum Grand Teton National Park und auf dem sehr schön verlaufenden Highway 89 nach Salt Lake City und in südlicher Richtung zum Colorado-Plateau.

Powwow

Eigentlich war mit einem „Powwow“ ein Schamane gemeint. Doch der Begriff wurde im Laufe der Jahrhunderte durch Nicht-Indianer entfremdet und heute werden damit die Treffen der nordamerikanischen Indianer bezeichnet. Die aktuellen Termine für die „Crow Fair“ kann man im Internet recherchieren (http://crowfair.crowtribe.com).

Anschlussrouten nach Mexiko

Der Interstate Highway I-10 verbindet im Süden der USA die Pazifik- mit der Atlantikküste. Er geht von Los Angeles/Kalifornien zum 4000 Kilometer entfernten Jacksonville/Florida. Vom I-10 bieten sich in den Bundesstaaten Kalifornien, Arizona und Texas verschiedene Einreisemöglichkeiten nach Mexiko. Dabei stellt sich vor der Einreise die Frage, ob man nur der Halbinsel Baja California einen Besuch abstatten will oder auch ein Aufenthalt auf dem Festland geplant ist.

Für die Einreise nach Mexiko mit einem Pkw (oder Motorrad) bzw. Wohnmobil bekommt man an der Grenze eine Erlaubnis ausgestellt. Der Unterschied zwischen beiden liegt in der Geltungsdauer und der Gebühr. Für Pkws und Motorräder („Permiso de Importación Temporal de Vehículos") beträgt die Geltungsdauer 180 Tage und die Gebühr ca. 330 MXN (17,40 EUR), für Wohnmobile („Permiso de Importación Temporal de Casa Movil") beträgt sie 10 Jahre und ca. 550 MXN (29 EUR) Gebühr.

Will man lediglich die Baja California besuchen, braucht man diese Erlaubnis nicht. Deshalb sollte man gleich einen direkten Grenzübergang auf die Halbinsel wählen, um die Gebühr zu sparen. Sollte

Fahrzeugversicherung

In Mexiko herrscht Versicherungspflicht und man braucht dort unbedingt eine gültige Fahrzeugversicherung. Versicherungsbüros gibt es in Grenzstädten und direkt an den Grenzabfertigungen. Günstiger ist es jedoch, sich bereits vorher im Internet zu informieren:

- *www.motormexico.com*
- *www.mexpro.net*
- *www.sanbornsinsurance.com*

man sich dann später doch noch dafür entscheiden, auf das Festland weiterzufahren, bekommt man die erforderlichen Dokumente im Fährhafen von La Paz.

Los Angeles – San Antonio, 2200 km

Abzweig von US2; Asphaltstraße; Versorgung; Tankstellen

Auf der Strecke gibt es viele Grenzübergänge, hier ein paar der gängigen und leicht erreichbaren:

- Nogales/Arizona – Nogales/Mexiko
- El Paso/Texas – Ciudad Juárez/Mexiko
- Laredo/Texas – Nuevo Laredo/Mexiko
- McAllen/Texas – Reynosa/Mexiko
- Brownsville/Texas – Matamoros/Mexiko

Von Los Angeles geht es zunächst ostwärts auf dem Interstate Highway I-10. Als Erstes bietet sich der direkt daran gelegene Joshua Tree National Park für einen Abstecher an. Neben dem Joshua Tree (Josuabaum), der zur Familie der Agavengewächse gehört, gibt es dort Kakteen und interessante Felsformationen. Kurz nach Überqueren der Grenze

061pa Abb.: sk

◀ *Quartzsite ist beliebt bei Wohnmobilfahrern, die hier überwintern*

▶ *Pima Air & Space Museum, Tucscon*

062pa Abb.: sk

Kalifornien – Arizona erreicht man Quartzsite. Eigentlich ein unbedeutender Ort in der Wüste Arizonas, doch seit den 1960er-Jahren ein beliebter Platz zum Überwintern für US-amerikanische und kanadische Wohnmobilfahrer. Mineralienausstellungen und riesige Flohmärkte locken jedes Jahr bis zu 1,5 Millionen Besucher an, hauptsächlich im Januar und Februar. Viele davon überwintern mit Wohnmobilen in der Umgebung. Es gibt organisierte Campingmöglichkeiten genauso wie freie Stellplätze. Die sich hinziehende Fahrt kann man in Tucson für einen Besuch des Saguaro National Park unterbrechen. In dem Park sieht man die bis zu 15 m hohen Saguaro-Kakteen. Auch das Pima Air & Space Museum mit seiner Flugzeugausstellung ist einen Besuch wert. Schließlich darf man sogar durch die Air Force One gehen, das offizielle Flugzeug der ehemaligen US-Präsidenten Kennedy und Johnson. Eintritt November–Mai: 15,50 USD (13,35 EUR), Eintritt Juni–Oktober: 13,75 USD (10,90 EUR).

Die Strecke geht eigentlich nur durch trockene Wüstengegend und selbst die in der Ferne sichtbaren Berge sehen braun aus. Für einen Abstecher zum Big Bend National Park in Texas muss man einen Umweg von etwa 300 Kilometern in Kauf nehmen. Einen Besuch sollte man in der Zeit zwischen

Mitte September und Ende Mai einplanen, ansonsten wird es dort zu heiß. Der Park liegt direkt an der Grenze und wenn man in den heißen Quellen am Fluss Rio Grande sitzt, sieht man am anderen Ufer bereits Mexiko. Es gibt ein paar schöne Wanderrouten in den Bergen sowie Aussichtspunkte auf den Rio Grande.

San Antonio ist die älteste Stadt in Texas. Der spanische Einfluss zeigt sich in den ehemaligen Missionen, die heute noch als Kirchen fungieren. Eine ungewöhnliche Attraktion ist der fast fünf Kilometer lange Spazierweg entlang des Flusses San Antonio, River Walk oder El Paseo del Rio genannt.

Von San Antonio kann man verschiedene Grenzübergänge nach Mexiko nehmen oder seinen Weg an die Ostküste der USA fortsetzen.

Baja California

Im Süden Kaliforniens gibt es folgende Grenzübergänge zur Halbinsel Baja California:

- San Ysidro/USA – Tijuana/Mexiko

Das ist wohl der am meisten frequentierte Grenzübergang zwischen den USA und Mexiko mit entsprechenden Staus und Wartezeiten.

- Tecate

Die Grenze wird über eine einsame, kurvenreiche Bergfahrt auf US-amerikanischer Seite erreicht. Man kommt sofort an den Grenzposten in der mexikanischen Kleinstadt Tecate, denn einen Grenzort in den USA gibt es nicht.

- Calexico/USA – Mexicali/Mexiko

Bei der Einreise nach Mexiko gibt es kaum Wartezeiten, bei der Einreise in die USA dagegen schon.

006pa Abb.: sk

Anhang

Begriffe rund ums Auto

Abblendlicht	*headlight*
Abschleppwagen	*tow truck, towing truck*
Achse	*axle*
Anlasser	*starter*
Auspuff	*exhaust pipe*
Auswuchten	*balancing*
Batterie	*battery*
Blinker	*flash*
Bremsen	*brakes*
Bremsflüssigkeit	*brake fluid*
Bremsscheibe	*brake disc*
Dichtung	*sealing*
Ersatzteil	*spare part*
Fahrgestell	*chassis*
Fahrzeugpapiere	*vehicle documents*
Felge	*rim*
Federung	*suspension*
Führerschein	*driver's licence, driving licence*
Getriebe	*gearbox*
Kanister	*can, jerry can*
Kennzeichen	*license plate*
Kühler	*radiator*
Kühlwasser	*coolant*
Kugellager	*bearing*
Kupplung	*clutch*
Kupplungsscheibe	*clutch disk*
Leck	*leak*
Öl	*oil*
Ölwechsel	*oil change*
Panne	*breakdown*
Pannendienst	*breakdown service*
Plattfuß	*flat tire, puncture*
Reifen	*tire*
Reifendruck	*tire pressure*
Scheibenwischer	*wiper*
Scheinwerfer	*headlight*

Schlauch	*tube*
schlauchlos	*tubeless*
Sicherung	*fuse*
Stoßdämpfer	*shock absorber*
Stromanschluss	*electric hook-up*
Tankstelle	*gas station*
Wasserpumpe	*water pump*
Werkstatt	*garage*
Windschutzscheibe	*windshield*
Wohnmobil	*motorhome, recreational vehicle, RV*
Zündkerze	*plug, spark plug*
Zylinderkopf	*cylinder head*

Internetadressen

- **www.amerika-forum.de** (Forum für Kanada und die USA)
- **www.bcferries.com** (Fähren in British Columbia)
- **www.boondockingguide.com** (Englischsprachige Seite für freie Stellplätze)
- **www.flyingj.com**→Highway Hospitality→Travel Plazas→Related Links→Flying J Locations (Truckstops in Kanada und den USA mit Service-Übersicht)
- **http://forum.alaska-info.de** (Alaska Forum)
- **www.freecampgrounds.com** (Englischsprachige Seite für kostengünstige Campingplätze)
- **www.mapart.com** (Karten für Kanada)
- **www.nps.gov/yose/planyourvisit/tiogaopen.htm** (Öffnungszeiten des Tioga Passes)
- **www.rvdumps.com** (Entsorgungsstationen in Kanada und den USA)
- **www.sanidumps.com** (Entsorgungsstationen in Kanada und den USA)
- **www.usatipps.de** (Reisetipps, Einreise- und Ausreiseformalitäten für die USA)

- **www.womo-welt.de/diefreiheitruft** (Nordamerika-Forum)
- **www.wynen-gas.de** (Gasflaschen, -tanks und Zubehör)

Die US-Botschaften erläutern auf ihren Seiten sehr ausführlich die aktuellen Einreise- und Visavorschriften für die USA.

- **US-Botschaft in Deutschland:** http://german.germany.usembassy.gov
- **US-Botschaft in Österreich:** www.usembassy.at/de/index.html
- **US-Botschaft in der Schweiz:** http://bern.usembassy.gov/deutsch.html

Die Auswärtigen Ämter bieten auf ihren Webseiten ausführliche Informationen samt aktueller Sicherheitslage zu den einzelnen Ländern an.

- **Deutschland:** www.auswaertigesamt.de
- **Österreich:** www.bmaa.gv.at
- **Schweiz:** www.eda.admin.ch

Diplomatische Vertretungen

Deutschsprachige Vertretungen in Alaska

- **Deutschland:** Honorary Consul of the Federal Republic of Germany, Bernd Guetschow, Honorarkonsul, 425 G Street, Suite 650, Anchorage, AK 99501, Tel. 001907 2746537
- **Österreich:** Honorary Consul, c/o Hotel Captain Cook, 4th at K Street, Anchorage, AK 99510–2280, Tel. 001907 276660002215

Deutschsprachige Vertretungen in Kanada

- **Deutschland:** Embassy of the Federal Republic of Germany, 1 Waverley Street, Ottawa, Ontario K2P OT8, Tel. 001613 2321101
- **Österreich:** Austrian Embassy, 445 Wilbrod Street, Ottawa, Ontario K1N 6M7, Tel. 001613 7891444
- **Schweiz:** Embassy of Switzerland, 5 Marlborough Avenue, Ottawa, ON, K1N 8E6, Tel. 001613 2351837

Deutschsprachige Vertretungen in USA

- **Deutschland:** Embassy of the Federal Republic of Germany, 4645 Reservoir Road N.W., Washington, D.C. 20007-1998, Tel. 001202 2984000
- **Österreich:** Austrian Embassy, 3524 International Court N.W., Washington, D.C. 20008, Tel. 001202 8956700
- **Schweiz:** Embassy of Switzerland, 2900 Cathedral Avenue N.W., Washington, D.C. 20008-3499, Tel. 001202 7457900

Panamericana in drei Bänden

Das vorliegende Buch bildet den abschließenden dritten Band der Serie.

Von den selben Autoren sind bereits erschienen: **„Mit dem Auto durch Südamerika – Panamericana“:** Südamerika befindet sich im touristischen Aufwind. Wer mit etwas Abenteuerlust im Gepäck einen ganzen Kontinent er-fahren möchte, bekommt mit diesem Handbuch alle Informationen von der Vorbereitung bis zum Reisen vor Ort. Das Autorenpaar ist jährlich mehrere Monate auf Tour und vermittelt die aktuellsten Streckeninformationen aus erster Hand.

- 176 Seiten, Kartenatlas, GPS-Daten, Farbfotos

„Panamericana – Mit dem Auto von Mittel- nach Südamerika“: Die Panamericana durchquert als Nord-Süd-Achse den gesamten amerikanischen Kontinent und ist als System von Fernstraßen ein wichtiges Bindeglied zwischen Mittel- und Südamerika. Wie man sich auf eine Reise mit dem eigenen Fahrzeug durch Mexiko, Guatemala, Honduras, Nicaragua, Costa Rica, Panama, Kolumbien, Venezuela und Brasilien vorbereitet und was einen unterwegs erwartet, dazu gibt das Buch Auskunft und Tipps.

- 160 Seiten, Kartenatlas, GPS-Daten, Farbfotos

REISE KNOW-HOW Verlag, Bielefeld

KulturSchock

Diese Reihe vermittelt dem Besucher einer fremden Kultur wichtiges Hintergrundwissen. **Themen** wie Alltagsleben, Tradition, Politik, richtiges Verhalten, Religion, Tabus, das Verhältnis von Frau und Mann, Stadt und Land werden praxisnah behandelt.
Der **Zweck** der Bücher ist, den Kulturschock weitgehend abzumildern oder ihm gänzlich vorzubeugen, damit die Begegnung unterschiedlicher Kulturen zu beidseitiger Bereicherung führt und nicht Vorurteile verfestigt.
Derzeit sind rund 40 Titel lieferbar (siehe unter www.reise-know-how.de), unter anderem:

- **KulturSchock Argentinien**
  216 Seiten, komplett in Farbe
- **KulturSchock Brasilien**
  276 Seiten, komplett in Farbe
- **KulturSchock Cuba**
  288 Seiten, komplett in Farbe
- **KulturSchock Ecuador**
  276 Seiten, komplett in Farbe
- **KulturSchock Mexiko**
  264 Seiten, komplett in Farbe
- **KulturSchock USA**
  264 Seiten, komplett in Farbe

Jeder Titel ca. 200–300 Seiten, durchgehend illustriert, Register

REISE KNOW-HOW Verlag, Bielefeld

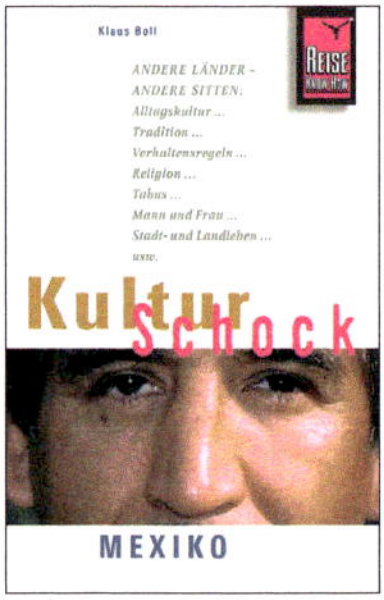

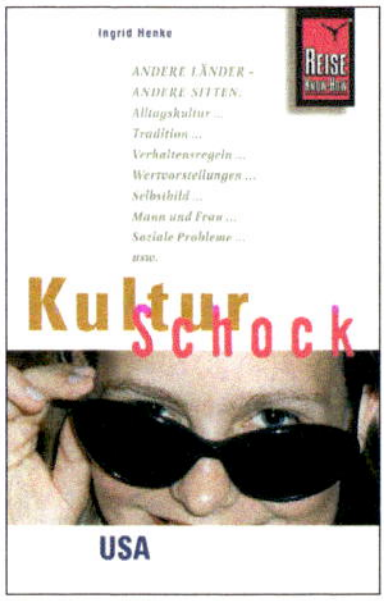

sound trip®
Neu bei
REISE KNOW-HOW
REISE KNOW-HOW
ISBN 978-3-8317-5101-3
Australia
ISBN 978-3-8317-5106-8
Argentina
ISBN 978-3-8317-5109-9
China
ISBN 978-3-8317-5102-0
Finland
ISBN 978-3-8317-5108-2
Japan
ISBN 978-3-8317-5105-1
Cuba
ISBN 978-3-8317-5104-4
Switzerland
ISBN 978-3-8317-5103-7
The Balkans
ISBN 978-3-8317-5107-5
Northeast Brazil
ISBN 978-3-8317-5110-5
Northern Africa
ISBN 978-3-8317-5111-2
The Andes
ISBN 978-3-8317-5114-3
Iceland
ISBN 978-3-8317-5117-4
Ireland
ISBN 978-3-8317-5118-1
Scotland
ISBN 978-3-8317-5119-8
South Africa
ISBN 978-3-8317-5120-4
Turkey
Die Compilations der CD-Reihe sound)))trip stellen die
aktuelle, typische Musik eines Landes oder einer Region vor.
Jede CD 50–60 Min., 22-seitiges Booklet.
Im Buchhandel erhältlich.
Unverbindl. Preisempf.: 15,90 € [D]
Kostenlose Hörprobe im Internet unter:
in cooperation with
(((piranha)))
www.reise-know-how.de

Anhang

Praxis-Ratgeber
kompakt & kompetent

Wer seine Freizeit aktiv verbringt und moderne Abenteuer sucht, braucht spezielles Wissen, das in keiner Schule gelehrt wird. REISE KNOW-HOW beantwortet die vielen Fragen rund um Freizeit, Urlaub und Reisen in der Ratgeberreihe „Praxis".

Rainer Höh
GPS Outdoor-Navigation

Wolfram Schwieder
Richtig Kartenlesen

Rainer Höh
Wohnmobil-Ausrüstung

Swantje Küttner
Reise-Kochbuch

Friederike Vogel
Sonne, Wind und Reisewetter

Rainer Höh
Clever reisen mit dem Wohnmobil

Frank Herbst
Routenbuch Nordkap

Martin Zimmer
Wohnwagen Handbuch

Frank Littek
Fliegen ohne Angst

Jeder Titel:
144-160 Seiten, robuste Bindung,
Taschenformat 10,5 x 17 cm,
Register und Griffmarken
Weitere Titel unter
www.reise-know-how.de

REISE KNOW-HOW Verlag, Bielefeld

Register

A

B

C

D

E

F

G

H

I

J

K

L

M

Routenatlas

Blatt I Alaska
Blatt II Kanada West
Blatt III Kanada Ost
Blatt IV USA/Mexiko

Anhang

I Alaska

Deadhorse
Tuktoyaktu
Inuvi
Aklavik
Fort McPherson
Eagle Plains
Cold-foot
AK 3
Fort Yukon
ALASKA (USA)
KA 8
Eagle
Fairbanks
Chicken
KA 9
Dawson City
North Pole
Eielson A.F.B.
Delta Jct.
AK 2
AK 1
KA
AK 4
Tetlin Jct
Tok
Beaver Creek
Denali National Park
6194 Mount McKinley
Denali State Park
Alaska Range
KA 6
Glennallen
AK 8
Destruction Bay
Palmer
AK 9
Wrangell Mountains
Valdez
Anchorage
5959 Mount Logan
AK 6
AK 7
Portage
Kenai
Soldotna
AK 5
Clam Gulch
Seward
Nondalton
Ninilchik
Anchor Point
Homer
Cook Inlet
Gulf of Alaska
Alaska (USA)
KANADA
Pacific Ocean
Seattle
Toronto
San Francisco
New York
USA
Los Angeles
New Orleans
Gulf of Mexico
MEXIKO
0
100
200
300
400 km

Great Bear Lake
Fort Good Hope
Tulita
NORTHWEST TERRITORIES
Great Slave Lake
Hay River
Fort Simpson
YUKON
ALBERTA
ve Finger Rapids
Carmacks
Watson Lake
Whitehorse
Teslin
Johnsons Crossing
KA 5
KA 3
Fort Nelson
KA 4
laines unction
Skagway
Haines
Dawson Creek
Ft. St. John
Juneau
Coast Mountains
BRITISH COLUMBIA
Chetwynd
Mackenzie
Hoonah
Meziadin Jct.
Wrangell
Hyder
Stewart
New Hazelton
Alexander Archipelago
Prince George
Ketchikan
Pacific Ocean
Prince Rupert
Queen Charlotte Islands
II
II

II Kanada West

Alaska (USA)
KANADA
Ocean
Pacific
Seattle
Toronto
San Francisco
New York
USA
Los Angeles
New Orleans
Gulf of Mexico
MEXIKO
Edmonton
CANADA
Rocky Mountains
ALBERTA
Lake Louis
Banff
CALGARY
SASKATCHEWAN
Saskatoon
Medicine Hat
KA 1
Regina
III
Glasgow
Missouri
Great Falls
US 5
Helena
MONTANA
NORTH DAKOTA
Butte
Bozeman
Billings
Crow Agency
USA
Norris
Yellowstone National Park
Idaho Falls
Grand Teton National Park
WYOMING
SOUTH DAKOTA
Casper
NEBRASKA
IV

III Kanada Ost

NEWFOUNDLAND
AND
LABRADOR
Newfoundland
NEW
BRUNSWICK
Halifax
NOVA
SCOTIA
Québec
ATLANTIC
OCEAN
Montréal
MAINE
Ottawa
0
100
200
300
400 km
Boston
Lake
Ontario
NEW YORK
YLVANIA
Philadelphia
Alaska
(USA)
KANADA
Pacific
Ocean
Seattle
Toronto
San Francisco
New York
USA
Los
Angeles
New Orleans
Gulf
of Mexico
MEXIKO

Anhang

IV USA/Mexiko

II